一番やさしい
自治体財政の本

第2次改訂版

小坂紀一郎 [著]

学陽書房

第 2 次改訂に際して

　この本の初版を2003（平成15）年に出してから、早くも15年経ちました。2007（平成19）年に改訂してからでも10年以上になります。幸いにも、ややこしい自治体財政を分かりやすく説明してくれる本として、読者のみなさんに受け入れていただきました。しかし、この間、数字はもちろんのこと、制度も、その上、自治体財政が置かれた環境もかなり変わりました。旧版では、近くやってくるという感じでしか受け止められていなかった少子高齢化が現実のものとなり、第1次改訂版（平成18年度決算）では17.5％に留まっていた民生費の割合が24.1％に急上昇したことが象徴的です。

　この第2次改訂版が、引き続き、自治体財政への一番やさしい手引きとしてお役に立てば誠に幸いです。

　なお、今回、各種数値を更新するに当たり、総務省自治財政局財務調査課（山越伸子課長、宮野哲史課長補佐）のご教示をいただきました。

2018（平成30）年10月

小坂紀一郎

は　し　が　き

　これは自治体の財政についてほとんどご存知ないみなさんのための本です。住民のみなさん、学生諸君、公務員初任者、新人自治体議員、自治体議員志望者その他地方自治に関心を持ち、自治体の財政について知りたい方々、知る必要がある方々が対象です。

　地方自治への関心が高まっています。国から自治体へもっと権限を移そうという地方分権への動きも着実に進んでいます。いろいろな形で自治体の行政にものを言い、参加する住民も増えてきました。自分たちの足元の政治・行政に目を向けようとするこのような流れは、私たちの社会が成熟してきた1つの表われだと考えてよいでしょう。たとえ少しずつでも自治体が変われば国全体にも大きく影響します。日本は約3,200の自治体から成り立っているのですから。

　しかし、自治体の行政への関心が高い割には自治体の財政への認識は極めて低いと言わざるを得ません。それを賄う財源のことは全く考えずに行政サービスの充実を求める傾向がこの事実をはっきり物語っています。住民ばかりではありません。自治体議員や、ことによると首長に至るまで、財政への関心と理解はもうひとつです。

　なぜこうなのか、根本の原因は、いまの自治体財政の制度そのものにあります。受益と負担とが見あわず、国に頼っているしくみからは関心を持つ必要が出てこないのです。これと密接に関係していますが、制度の分かりにくさも理解を妨げている大きな要素です。

　自治体の行政には関心があるが、財政のことはさっぱり分からないし関心もないといういびつな姿から健全な地方自治が成長するはずはありません。自治体財政に対する理解を広めなければならない大きな理由です。

　ところが、自治体財政に関する本は世に多く出ていますが、このような目的に沿ったものはあまり見当たりません。一見やさしく書いたもの

はあっても、どちらかと言えば公務員向けの実務書で、行政用語やお役所の事情にはうとい一般住民には決してとっつきやすいとは言えません。また、制度や用語をやさしく解説したものはあっても、実態や問題点までふれたものはほとんどありません。

　この本は、自治体財政について基礎知識を得たいと望む方が、頭を痛くすることなく、肩をこらすことなく気楽に読んでいただけることを目指して次のような方針で書きました。

1. 自治体財政について、制度から財政診断、財政の改革まで一通りの項目は取り上げました。
2. 具体的に身近に感じていただけるよう「あなたのまち」という形で市町村の例を中心に説明しています。しかし、多くの部分は都道府県にも当てはまります。
3. 要点を呑みこんでいただくために細かいところは省略してあります。枝葉には目をつぶり、根幹をつかんでいただくように努めました。
4. 単に制度の解説をするだけでなく、実態と問題点についてもかなりつっこんで私の考えを述べています。蒸留水のような無味乾燥な説明では面白いはずはなく、財政は生きているものだからです。

　この本が題名どおりやさしく分かりやすいものになっているとすれば自治体財政について何も知らない主婦の代表として原稿に目を通して率直な疑問をぶつけ、こんなことも知らないのかと私をあきれさせたり、ハッとさせてくれたりした妻緑のおかげです。

　小著が自治体財政への理解を進め関心を高めるのに少しでもお役に立てばこれほどうれしいことはありません。

2003（平成15）年8月

　　　　　　　　　　　　　　　　　　　　　　　　小坂紀一郎

も く じ

　　はしがき

1章　自治体財政へようこそ　7
　1　自治体は暮らしのサポーター･････････････････････････7
　2　行政サービスの担い手･････････････････････････････････9
　3　お金はどこから来てどこへ行くの？･････････････････16

2章　自治体財政の中心──地方税　22
　1　税金のいろいろ･･････････････････････････････････････22
　2　住民税は地方税の主役････････････････････････････････28
　3　固定資産税は市町村税の王様･･････････････････････････30
　4　事業税は都道府県税の柱･･････････････････････････････33
　5　地方税のなかまたち･･････････････････････････････････35
　6　地方税の自由度･･････････････････････････････････････37

3章　国から来るお金──地方交付税と補助金　41
　1　税金だけでは足りない････････････････････････････････41
　2　地方交付税のしくみ･･････････････････････････････････43
　3　地方交付税の光と影･･････････････････････････････････53
　4　補助金のはなし･･････････････････････････････････････56

4章　財源をやりくりする　62
　1　自治体が借金するとき──地方債のはなし･････････････63
　2　やりくりの実際･･････････････････････････････････････70

5章　予算の手ほどき　79
　1　予算ってなに？･･････････････････････････････････････79
　2　予算のルール･･82
　3　予算のかたち･･88

4　予算は巡る ································· 94
6章　予算を読んでみよう　100
　　1　歳入のカンドコロ ····························· 100
　　2　歳出の急所、11のポイント ····················· 106
　　　ポイントその1　言っていることとやっていることの一致度 ······ 107
　　　ポイントその2　プランプランしていないか ················ 108
　　　ポイントその3　メニューを眺めよう ···················· 109
　　　ポイントその4　今日(こんにち)の課題への取り組み ·············· 110
　　　ポイントその5　大物に注意 ························ 110
　　　ポイントその6　長期事業に注意 ····················· 112
　　　ポイントその7　将来の負担につながるものを見逃すな ········ 112
　　　ポイントその8　ハコモノにご用心 ····················· 113
　　　ポイントその9　同じ財布の中の移動、繰出金は何のため？ ····· 114
　　　ポイントその10　ブラックボックスをこじ開けよう ············ 116
　　　ポイントその11　一事を生(ふ)やすは一事を減らすにしかず ········· 118
7章　あなたのまちの財政診断　121
　　1　決算のかたち ······························· 121
　　2　診断のカルテ ······························· 128
　　3　限られたお金を有効に ························ 146
8章　自治体財政をみんなのものに　157
　　1　自治体にもっと自由と力を ····················· 157
　　2　議会を生き生きと ··························· 163
　　3　住民の手で不正を正す ······················· 165
　　おわりに　自治体財政と日本の未来 ················· 170
　　もっと詳しく知るための情報案内 ···················· 175
　　索　引 ·· 178

1章 自治体財政へようこそ

1 自治体は暮らしのサポーター

ここがポイント

> 自治体の仕事は私たちの暮らしに欠かせません。それを賄う自治体財政は、住民のもうひとつの家計と言えます。家計を見ればその家庭が良く分かるように、自治体財政はあなたのまちを映す鏡です。
>
> 私たちの暮らしは、商店・スーパーなどの市場部門、国・自治体などの公共部門、家族・隣近所などの共同体部門の3つの部門によって支えられています。自治体は公共サービスを担う公共部門の代表選手です。

◆ゆりかごから墓場まで

あなたがどこに住んでいようと、どんな仕事をやっていようと、あなたの住んでいる自治体の行政に縁がない人はいないはずです。

朝起きて顔を洗います。その水は、市が経営する水道の水です。元気よく手を振って出かける子供たちの行き先は、公立の幼稚園や小中学校です。小さなお子さんを自転車に乗せて公立の保育所に送って行き、最寄りの駅まで出るその道は市道、自転車置き場も市営です。お料理の本を借りるのは市立図書館、趣味のコーラスは市の文化センターです。そうそう忘れちゃいけない、ゴミ、し尿処理も市がやってたんだっけ。そして、子育て、お年寄りの世話など昔は、家庭が行っていた仕事まで自治体が担当するようになり、自治体の仕事は増える一方です。

「ゆりかごから墓場まで」と言われますが、実際は、赤ちゃんが生まれる前の妊婦さんの検診から、ところによっては亡くなってからも（公立葬儀場や公立墓地）住民の生活を支えているのが自治体です。私たちの毎日の生活に欠かせないのが自治体の仕事です。自治体の仕事の中身が私たちの生活の豊かさを決めるとさえ言えるのです。

◆財政を見ればまちが分かる

　家庭生活を賄うのは家計です。自治体の仕事を賄うのが自治体財政です。家計を見ればその家庭の事情が分かるように、そのまちの財政を見ればまちの状況が一目瞭然です。ふところ具合からまちの経済が分かります。力が入っている事業も、軽く扱われている分野も分かります。財政の中身はその自治体に関する情報の宝庫です。

　家庭が幸せかどうかはいろいろな要素がからみ単純には言えませんが、家計が健全かどうかは、その家庭の幸福を大きく左右すると言っていいのではないでしょうか。自治体の財政も同じことで、うまくいっているかどうかは私たちの生活に大きく影響し、それを通して私たちの幸せに直結しているのです。

　自治体の財政は、私たちみんなのもう１つの家計、住民共同の家計です。家計によって家族の生活が成り立っているように、財政によって道路を作ったり、福祉サービスを提供したり、みんなが必要な共同の事業が可能になり、私たちの生活が支えられているのです。

　私たちの住んでいる自治体の財政を知ること、それは自治体が私たちの生活のためにちゃんと仕事をやってくれているかどうかを知ることでもあり、住民が主人公であるはずの自治体をもっと良くするための出発点なのです。

◆生きていくのに必要なものは

　私たちは１人では生きていけません。私たちが生活していくためにはいろいろな助けがいります。生活費を得るための職場、生活に必要なものを買う商店・スーパー・百貨店、レストラン・ホテル・映画館そのほか様々なお金と引き換えにサービスを提供してくれるところ。これらはお金で取引されるという意味で**市場部門**と言います。そればかりではありません。お金とは直接関係ないけれど私たちが人間として生きていくのに欠かせない愛情や連帯感で結ばれた精神的に支えてくれる家族、友人、仲間たちの世界があります。**共同体部門**です。

　まだ抜けているものがあります。これだけでは私たちの生活は成り立

ちません。私たちが生活していくためには、これらのほかに、みんなに共通する必要を満たすものが絶対に欠かせません。毎日歩く道路はどうでしょうか。道路を歩くのにいちいちお金なんか払ってはいられません。街角の公園だってそうです。むこうからパトカーが来ました。私たちの安全を守ってくれる警察や消防の仕事、感染症を防ぐ保健所の仕事、そう言えば、市立の小中学校だって授業料を払ってない。ほかにもいくらでも挙げられます。住民みんなのためのこういう仕事は公共サービスと呼ばれます。国や自治体などの**公共部門**が担当しています。

　上に挙げた、お金と引き換えに必要なものやサービスをもらう**市場部門**、お金とは全く関係なしに精神的な必要を満たしてくれる**共同体部門**、それに、いまの**公共部門**、これらの3つの部門があってはじめて私たちの生活が成り立っていけるのです。

2　行政サービスの担い手

ここがポイント

　国・都道府県・市町村のどれが、どんな行政サービスを担当するかを決めるのが事務配分です。国・都道府県・市町村は、決して上下の関係ではなく、それぞれに適した役割を分担している対等（ヨコ）の関係です。
　他の先進国と比べて日本の自治体はより大きな役割を担っています。行政サービスのために最終的に使われるお金の大きさで見ると、全体の約60％が自治体、約40％が国です。

◆行政サービスの役割分担

　この公共部門を担当する代表選手が行政です。行政サービスの仕事は、国（具体的には、財務省・総務省・国土交通省・厚生労働省などの各省庁）と自治体（法律では、**地方公共団体**と呼ばれています）が分担しています。行政サービスには様々なものがあります。これらをどこが担当するのか、どんな仕事をどこが行うか、これを**事務配分**と呼んでいます。行政サービスを受け持つ組織（政府）は、日本の場合には、国、

自治体（都道府県、市町村）の3段階ですが、国によって違います。アメリカ合衆国では、連邦、ステート（州）、カウンティ（郡）、ミュニスィパリティ（自治体）〔シティ（市）・タウン（町）など〕の4段階、フランスでは、国、レジオン（道）、デパルトマン（県）、コミューン（市町村）の4段階、お隣りの韓国では、日本の県に当たる広域自治体（道・広域市・特別市）、市町村に当たる基礎自治体（郡・市・自治区）の3段階という具合に、その国の歴史や考え方によって様々です。

　現在行われている事務配分の基礎は、太平洋戦争後にできました。日本国憲法の制定やその他の国のしくみの大きな改変の一環として、地方自治制度が作り直されたのです。その後、時代が進み、社会の要請に応えて次々に新しい行政サービスが登場し、それぞれ国・都道府県・市町村に振り分けられました。もちろん自治体が自分からはじめたサービスもあります。

　この、国・都道府県・市町村の関係は行政サービスを分担しあう関係だという点が大事です。決して国が一番偉く、次が都道府県で市町村が一番下という上下の関係ではありません。強いて言えば、ヨコの関係です。学校の例が分かりやすいでしょう。小学校・中学校・高校・大学はその役割が違うので、決して上下の関係ではないのと似ています。

　では、国、都道府県、市町村の間でどうやって分担を決めるのでしょうか。**地方自治法**という地方自治制度の基本を定めた法律にそのものさしとなる分担の基準があります。

◆ 国はなにをやるのか

　国はなにをやるのでしょうか。国は、国でないとできない行政、自治体でバラバラにやっては困る行政を担当することになっており、国の行政には3つの分野があります。（地方自治法1条の2・2項）。

　まず、国際社会のなかで日本が国家として存在していくために必要な仕事です。外交、防衛、司法がその例です。

　次に、経済活動など国民のいろいろな活動について、全国一律で決めておいた方が望ましい事柄に関する仕事です。通貨、金融、度量衡など

がバラバラでは全国的に経済活動をすることができなくなります。現在は、経済活動が地球規模になったので、国単位どころか世界的に統一する方向にあります。

　地方自治に関する基本的な事柄も全国一律で決めておいた方がよいものの1つです。この本のテーマである自治体財政の基本もここに入ります。地方自治は、自治体が自主的にそれぞれの地域で必要なことを決めて実行していく制度ですが、全くバラバラでは好ましくありません。例えば、ある村では議会がないとか、ある町では議員は住民から抽選で選ぶとか、ある市では市長を置いていないといったことです。しかしかたや、このへんをキッチリと画一的に全国一律で決めすぎるのも地域の実情にあわなかったり、自治体の自主性を奪ったりして望ましいことではありません。地方自治のしくみをどの程度自治体の自由にまかせるのかは国のあり方をどう考えるかという大きな問題につながってきます。いずれにせよ、地方自治の基本を決めておく必要はあるわけです。

　最後が、全国的な規模や全国的な視点に立ってやらなければならない高速道路網、教育制度、社会保障制度などの仕事です。これも構想を作るのは国でも、実際に事業を実施するのは自治体がよいかもしれず、国がどの部分をどれだけ担当するかは仕事の性格に応じて伸縮自在でしょう。

◆市町村の仕事、都道府県の仕事

　一方、自治体は、地域の行政を広く担当することになっています（地方自治法1条の2・1項）。国が受け持つ以外の仕事は自治体の担当です。特に、住民に身近な行政はできる限り自治体が行うのが原則です。

　ここで問題となるのは、都道府県と市町村の間での仕事の割り振りです。どちらも自治体なので、その役割がどうなっているのか、どうもはっきりしないと感じている人が多いかもしれません。

　市町村は基礎的な自治体、都道府県は市町村を含んだ広域の自治体です。この二重の構造で地域の行政を分担しあっているのです。

　市町村は、住民に一番身近な自治体として私たちの普段の生活に必要

な仕事を幅広く担当することになっています。市町村ができることはできるだけ市町村が受け持つという市町村優先が原則です。言ってみれば、市町村は地方自治の主役なのです。

　市町村が必要なサービスを行えるだけの十分な力を持てるよう、全国的に市町村合併が進められました。その結果、1999年には、3,200余りあった市町村が2016年には約1,700にまで減りました。

　そして、その性質や規模から言って市町村の手にあまるような仕事は都道府県の出番です。都道府県道や大規模な総合開発など市町村の区域を越えて広域にわたるもの、市町村間の連絡調整、それに、高度の研究所など規模・性質から市町村が処理することが適当でないもの、これらを都道府県が担当することになっています。都道府県の仕事は、市町村をカバーすることです。

　しかし、建前はそうでも、市町村の仕事と都道府県の仕事の間に、はっきりとした線を引くのは難しいのです。肝心なことはコンビよろしく協力連携しあって仕事を分担することです。同じ仕事をダブってやらないようにしなければならないのはもちろんですが、中には県立高校と市立高校のように同じ仕事を分けあっている例もあります。

◆**市は3種類**

　市町村と一口に言っても、人口165人の東京都青ヶ島村から370万人超の横浜市まであります。財政力はもちろん、市町村が提供しなければならない行政サービスの中身からしてたいへんな違いがあります。それを同じ市町村だからということで仕事も同じにするというのはおかしなことです。そこで、市を人口規模などの条件の違いによっていくつかの種類に分けて、それぞれの能力に応じて担当する仕事に差を設けています。

　指定都市は、人口50万以上で都道府県なみの力があると考えられる市が指定されています。1956（昭和31）年に指定都市制度ができたときは、戦前から大都市だった横浜市、名古屋市、大阪市、京都市、神戸市の5大都市だけでした。その後、全国的に都市化が進み、市町村合併も

あって、次々に増え、20市になりました。北から、札幌市、仙台市、新潟市、千葉市、さいたま市、横浜市、川崎市、相模原市、静岡市、浜松市、名古屋市、京都市、大阪市、堺市、神戸市、広島市、岡山市、北九州市、福岡市、熊本市です。

指定都市は、普通は都道府県が行っている社会福祉、保健衛生、都市計画、国土交通、文教、環境保全等の仕事を幅広く行えるほかに、一般の市では必要な知事の許可・認可・承認などがいらないなど、ほぼ都道府県と対等といってもよい地位が与えられています。

指定都市の制度ができてから60年以上が経ち、全国的な都市化の中で、指定都市以外の市の間の差も大きくなってきました。また、基礎的な自治体である市町村への事務配分を積極的に行っていこうという考え方が強くなり、人口規模に応じて、指定都市が処理することができる事務の一部を処理することができる、中核市（人口30万以上）と特例市（人口20万以上）という制度ができました。その後、これら2種類は統合され、中核市とされました。

中核市は、人口20万以上が条件です。県庁所在地など地方の中心都市というイメージです。旭川市、函館市、秋田市、宇都宮市、横須賀市、長野市、和歌山市、倉敷市、高松市、下関市、宮崎市、那覇市など48市が指定されています。

中核市は、社会福祉、保健衛生、都市計画、環境保全などの分野で担当する仕事が広がっています。例えば、中核市には全て保健所が設けられます。

このように、市は、担当する仕事の内容から、指定都市、中核市、その他の一般市の3種類に分けられます。

なお、市になるためには人口が5万以上などの条件があります（地方自治法8条1項）。ただし、市町村合併を進めるため、特例法で、これらの条件を満たさなくてもよいとされています。

また、市以外に町と村、それに特別区があります。**町**と**村**は、名前が違うだけで仕事の分担は全く同じです。

千代田区、中央区など東京都に置かれている23区は、**特別区**という

東京都だけにある特別な自治体です。区長が公選されることなど、市町村とよく似ていますが、東京という巨大都市を1つのものとして処理するのに必要な仕事（上下水道、消防など）は東京都が行い、それ以外の仕事は特別区が普通の市町村と同じ働きをします。

　市部（市と特別区）に約1億1,600万人、日本の人口の約9割が住み、この割合は、年々増えています。

◆国と自治体の仕事の分量

　それでは、現実には、国と自治体は、それぞれどれだけの仕事をしているのでしょうか。行政の全ての仕事について防衛、司法、国土保全・開発、産業経済、教育、社会保障などの分野ごとに使われているお金の額（歳出規模）で見ると図表1のようになっています。国と自治体が最終的に支出する金額で比べると、圧倒的に自治体の比重が大きいことは一目で分かります。防衛費、公債費、年金などの例外を除けば、ほとんどの行政分野で自治体の方が国よりずっと多くの仕事を受け持っているのです。特に、民生費、衛生費、教育費など生活に関連する仕事は自治体の手で行われているのがお分かりでしょう。それを担っている公務員の数でも、国家公務員は、約58万人（うち約27万人は自衛官などの防衛省職員）、地方公務員は、約274万人で、自治体の職員の方が断然多いのです。

　自治体が行政の大きな部分を担当していること、その結果自治体財政の割合が高いこと、これが日本の地方自治の特色です。他の先進諸国と比べるとはっきりします。年金などを除く一般政府歳出のなかで自治体が占める割合は、例えば、地方自治の母国と言われるイギリスの場合で4割弱ですが、日本では、約8割にも上っています（OECDの統計に基づく総務省資料）。

　これだけ自治体の仕事の比重が高いのですから、それだけ一層私たちは自治体の行政と財政に関心を持つ必要があるのです。

1章　自治体財政へようこそ

●図表1●　自治体はどれだけ仕事をしているか

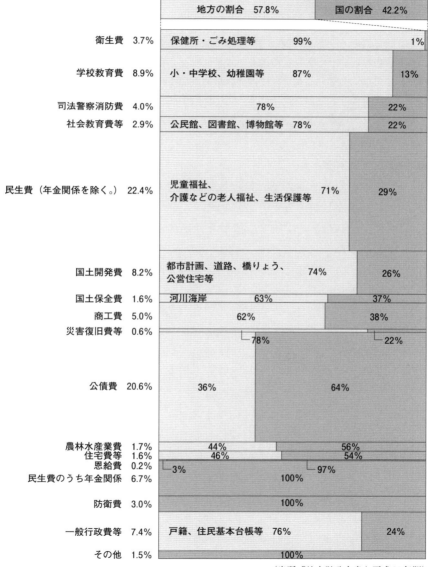

（出所「地方財政白書」平成30年版）

3　お金はどこから来てどこへ行くの？

ここがポイント

> 　自治体の収入のなかで税金は平均して3分の1しかありません。国から自治体に来るお金（地方交付税や国庫支出金など）が大きいのです。その他、使用料や手数料といった受益者負担金も大事な収入です。
> 　お金の使い方を見ると、民生費、教育費、土木費が3大費用です。経費の性格で分けると、人件費が圧倒的で、次に建設事業費と公債費が続きます。扶助費もかなりの比重です。

◆3割自治の現実

　こう見てくると、改めて、自治体の行政サービスにはずいぶんお金がかかっていることがお分かりと思います。そのお金はどこから来るのでしょうか。それは、「もちろん私たちの納める税金よ」という答えがすぐ返ってくるかもしれません。行政の経費の源をたどって行けば、税金に行き着くという意味では正しい答えです。しかし、ことはそんなに簡単ではありません。

　図表2を見てください。これは、自治体の収入（「歳入」と言います）の内訳を示したものです。収入全体の中で、みなさんが自治体に納める税金（「地方税」と言います）の割合が、都道府県でも市町村でも4割に満たないことがお分かりでしょう。それ以外の歳入の多くは国から来ているのです。日本の地方自治がひ弱なことを皮肉ってよく**3割自治**と言われるのはこの実態から来ています。

　ここで、注意しなければならないのは、この数字は、あくまでも、全国に1,700余りある自治体全体をあわせた数値だということです。自治体の中には、税金の割合が7割を超えているところもあれば、1割にも満たないところもあるという調子でまちまちなのです。みなさんのまちはどうでしょうか。一人ひとりの人間が全て違うように、自治体も違います。自治体によって財政の状況は様々です。自治体全体の状況と1つ1つの自治体の事情の両方をにらみ合わせないと自治体財政の実態は

1章　自治体財政へようこそ

● 図表2 ●　お金はどこから

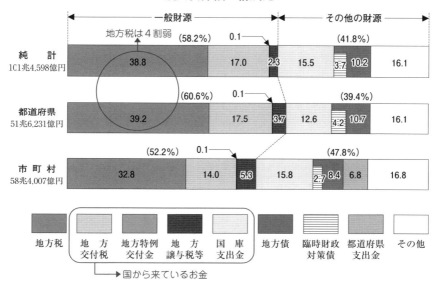

（注）　国庫支出金には、交通安全対策特別交付金及び国有提供施設等所在市町村
　　　助成交付金を含む。

（出所「地方財政白書」平成30年版）

はっきりしません。全体の中で自分たちのまちではどうだろうといつも確かめることが大切です。

◆税金の流れ

　国から自治体へお金が流されてくると言っても、国のお金の出所は、税金です。図表3でこの流れを見てみましょう。税金には、国に払うもの（国税）と自治体に払うもの（地方税）とがあります。全体の約60％が国税、約40％が地方税です。いったん国に入った税金の一部が地方交付税や国庫支出金として自治体に渡されます。その結果、自治体は税金全体の約60％のお金を使って、前に見たように、国をずっと上まわる規模の自治体行政を行うことができるのです。

17

●図表３● 　税金の流れ（平成28年度）

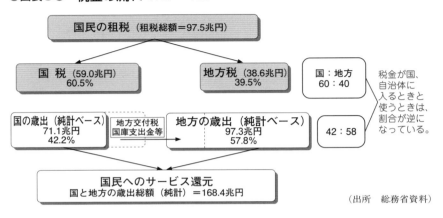

（出所　総務省資料）

　自治体が支出するお金の大きな部分が国から来ていることが日本の自治体財政の特徴です。また、後でふれるように、この現実が本来の地方自治のあり方をゆがめているのではないかと指摘されている点でもあります。

◆受益者負担金はサービスの見返り

　自治体の経費を賄っているものに税金のほかに**受益者負担金**があります。両方とも住民やそこに住んでいなくてもサービスを受けるひとが払うのですが、性格が違います。税金は、なにか行政サービスを受けたからそれに対して納めるというのではなく、決められた基準に当てはまれば誰でも納める義務があります。一方で、受益者負担金は、行政サービスの見返りとして払う料金のようなものです。水道料、高校の授業料、スポーツ施設利用料などの**使用料**、戸籍謄本や住民票の交付を受けるときに払う**手数料**がこれに入ります。また、住民の一部だけが利益を受けるような事業に対し、利益を受ける住民が払う**分担金**も受益者負担金の仲間です。公共下水道の分担金、有線テレビの分担金などの例があります。**負担金**と呼ばれているものも分担金の仲間です。最近では、保育所の保護者負担金（いわゆる保育料）をはじめとする福祉関係の負担金が

そのほとんどを占めています。
　ここで大事なことは、税金にしても受益者負担金にしても、自治体の経費を負担しているのは、納税者だということです。その自治体の住民だけではなく、その他の地域に住む人たちも含めた納税者が納めた税金と受益者負担金が自治体財政を賄い、私たちの生活を支えているのです。

◆お金の使い道

　自治体のお金の使い方を見てみましょう。
　目的別では　まず、どんな仕事にお金を使っているのか、行政の分野別にその割合を示したのが図表4です。
　市町村と都道府県を合わせた自治体全体では、借金を返すための公債費を別にすれば、民生費・教育費・土木費が3大費用になっています。このうち、民生費の割合が年々益々増えつつあるのが大きな特徴で、自

●図表4● **お金は何に使われているか**

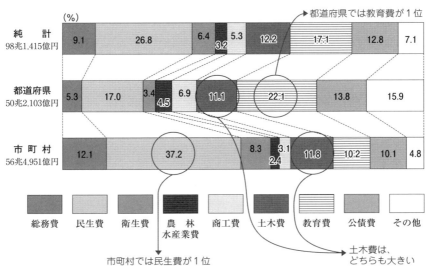

＜目的別歳出決算額の構成比＞

（出所「地方財政白書」平成30年版）

治体の現在の課題の中心がいわゆる福祉にあることをはっきりと示しています。市町村と都道府県では、仕事の分担（事務配分、11ページを見てください）の違いから、重みが少しずつ違っています。市町村は福祉サービスの主役ですから、民生費が1番です。都道府県で教育費が1番なのは、小学校・中学校の先生の給料を負担しているからです。

市町村・都道府県を通じて目につくのは、どちらも土木費の比重が大きいことです。道路、河川、住宅、公園、都市計画など地域の基盤を作る仕事が大きく、また、重視されていることの表われです。

性質別では　次に、見方を変えて、お金がどんな性質の経費に使われているのかを示したのが図表5です。

圧倒的に大きいのが人件費です。特に、都道府県は、図表4で見たように学校の先生の給料を払ったり、警察官をかかえているので大きく

●図表5●　使われているお金の性質は？

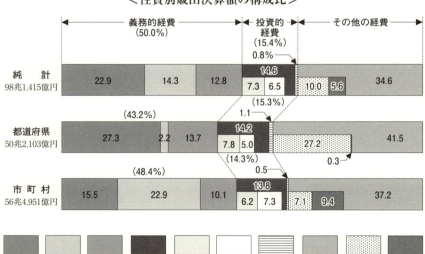

（注）（　）内の数値は、義務的経費及び投資的経費の構成比である。

（出所「地方財政白書」平成30年版）

なっています。

　扶助費というのは、生活保護費をはじめとして生活に困っているひとや児童、高齢者、障害者などを援助するための費用です。都道府県に比べて市町村が断然多いことに注目してください。身近な福祉は市町村の仕事です。

　市町村・都道府県を通じて、公債費が大きな比重を占めているのがもう１つの注目点です。家計で言えばローンの返済にも苦労しているわけです。

　人件費・扶助費・公債費の３つは、払うか払わないかほとんど自由が利かないという意味で**義務的経費**と呼ばれます。人件費は公務員の給与費など毎年決まって支出しますし、扶助費は、生活保護費など法令で義務づけられています。そして、公債費は自治体の借金の返済ですから嫌だというわけにいかないのはもちろんです。簡単に削ることは難しいので、義務的経費の割合が大きくなれば、それだけ自治体財政は窮屈になります。

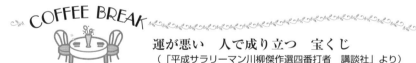

運が悪い　人で成り立つ　宝くじ
（「平成サラリーマン川柳傑作選四番打者　講談社」より）

税と受益者負担金の他にも大切な自治体の収入があります。その１つがおなじみの「宝くじ」です。日本の富くじの起源は、約380年前の江戸時代初期とされていますが、その後、天保13（1842）年「天保の改革」の一環として禁止されてしまいます。それが戦後、「宝くじ」としてよみがえります。

現在の発売元は、都道府県と大都市です。売上げのうち、約47％は、当せん金として運の良い人に渡され、事務費を引いた残りの約40％が収益金として、教育施設、道路、橋、公営住宅、福祉施設などの建設に使われています。市町村には都道府県を通じて市町村振興補助金が配られています。

　夢の代金（年間売り上げ）は、しめて8,452億円、うち自治体の取り分は、3,348億円（平成28年度実績）、運が悪い人も自治体財政には大いに貢献しています。

なかなか当らないのも宝くじ。私は、以前、おまじないのつもりで、幸運の女神（ミス宝くじ）と握手をしてもらいましたが、当たりませんでした、やっぱり。

2章 自治体財政の中心——地方税

1 税金のいろいろ

ここがポイント

　国民の義務とは言うものの、できるだけ納めたくないのが税金。それだけに、みんなが納得するしくみが求められます。自治体の税金として望ましいのは、行政サービスとの関係がはっきりして、税収が安定していて、そして、対象が全国どこにでもある税金です。
　税収の大きな税金は、市町村では固定資産税と住民税、都道府県では法人住民税・事業税・地方消費税です。

◆地方税に関心がありますか

　これから自治体の収入の中身を見ることにしましょう。もう一度、図表2に戻ってください。「3割自治」と悪口を言われるものの、自治体の収入の中で一番大きいのは地方税（都道府県税、市町村税）です。それだけ大切で、それだけ住民が関心を持っていいはずなのですが、現実は、どうもそうでもありません。住民にとっては、国税でも地方税でも同じことで、「税金を取られる」という意識が正直なところでしょう。

　関心を持たれない大きな理由の1つは、自治体の税金のしくみは、法律（地方税法）で中身がほとんど決まっていて、自治体が自由に自分の判断で課税できる余地が少ないということにあります。また、自治体の自由に任されている部分があっても、自分のところが他と違うことを避けたいという横並び意識が働いて、国民健康保険税など一部の税金を除けば、全国の自治体の税金はまずどこでもほぼ同じと言ってよいでしょう。よく「うちのまちは税金が高い」という話を聞きますが、誤解に基づくことが多いと考えてよいのです。きっと、給与明細書の数字を見て天引きされている住民税の額の多さに思わずため息が出たか、その自治

体への不満が強いので税金を払う痛みを感じているかのどちらかでしょう。

◆ 納めたくないのが人情

　税金は、政治・行政の出発点です。公共の仕事はなにを行うにしてもお金が必要で、これをみんなで分担しあうのが税金です。税金のしくみを変えるのが税制改正で、これが常にマスコミを賑わすのもそれによってみんなの負担が増えたり減ったりするからです。なにに対して、どれだけ、どうやって税金をかけるか、によって経済活動が大きな影響を受けます。一人ひとりの行動さえ違ってくる場合があります。

　北欧の有名なプロ・スポーツ選手が高い税金に閉口して住所を税金の安い国に移して話題になったことがありました（もっとも、この選手は引退した後、税金は高くても社会保障制度が充実している方が老後の生活は安心、と母国に戻ったという後日談があります）。なるべく税金を払わないようにしたいというのが神ならぬ人間の本音です。17世紀のイギリスで、税金を窓の数に応じてかけたところ、とたんに窓の無い家が増えたという笑い話のような本当の話があります。江戸時代のこと、町の行政に充てるお金は、往来に面した家屋敷の間口に応じて集めるのが普通でした。その結果、こぞって間口の狭い家や店を作るようになったのです。今でも京都や金沢など古い町並みによく見られる、うなぎの寝床のような間口の狭い家にその名残が残っています。

　税金は多くの納税者が納めてはじめて財政が成り立ちます。そのためには私たちの大多数が納得するような税制度でなければなりません。税金は政治そのものです。

◆ 何にかけるか

　税金は、その対象によって、所得にかける税（所得税、法人税、住民税所得割・法人税割など）、資産にかける税（相続税、固定資産税、不動産取得税など）、消費にかける税（消費税、酒税、たばこ税など）に大きく分かれます。それぞれに税金を負担する能力（「**担税力**」と言い

ます）が認められるからです。日本の税金にどんな種類があるか、図表6を見てください。国税、地方税全部あわせて55種類もの税金があるのです。

◆ **国税と地方税**

　税金は、国（税務署）に納める**国税**と自治体（県税事務所、市町村の税務課など）に納める**地方税**に分かれます。国税の代表選手は、私たちが確定申告して税務署に納めるか、勤務先で天引き（源泉徴収）される所得税、企業が納める法人税、それに買い物をするたびに気になる消費税です。かたや、地方税の代表選手は、住民税、固定資産税、事業税です。

◆ **直接税と間接税**

　税金についてよく耳にするのが**直接税**と**間接税**という言葉です。税金は納める義務のある人と実際に負担する人に分けて考えることができます。納める義務のある人と実際に負担する人が同じだと予定されている税金を**直接税**、納める義務のある人と実際に負担する人が別だと予定されている税金を**間接税**と呼んでいます。例えば、消費税を税務署に納める人は、飲食店や小売業者などの事業者ですが、その分商品やサービスの値段に上乗せされて、実際は消費者が負担することになります。これを税金が消費者に**転嫁**されると言います。しかし、理屈の上ではそうであっても、現実の税金をその性格によってきちんとどちらかに分類するのはなかなか難しいので、実際は便宜的に分けています。代表的な直接税は、国税では、所得税・法人税・相続税、地方税では、道府県民税・事業税・自動車税・市町村民税・固定資産税・軽自動車税です。

　直接税と間接税に分けるのは、税金の全体の構成をどうすべきかという大きな問題に関連するからです。日本の税制、特に地方税は直接税の比重が高い構成になっています。これについて、負担の公平や税収のバランスからもっと間接税の比重を高めるべきだという意見が強いのです。

●図表6● こんなにある税金
　　＜租税体系＞

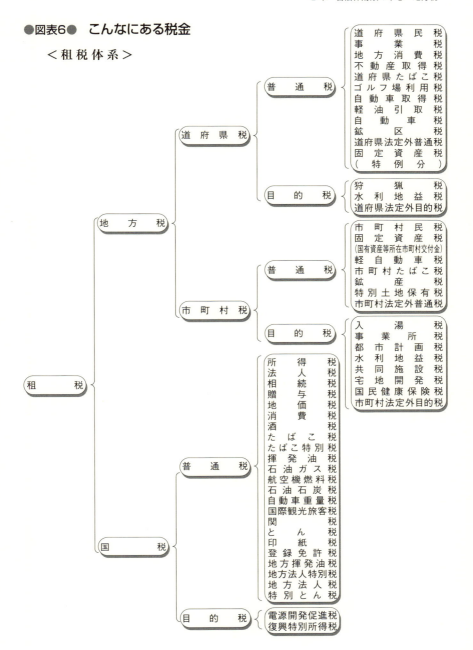

◆ 普通税と目的税

　ついでに、もう１つ、税金の使われ方から来る分類に触れておきます。税金は、一般的にはなににでも使うことができるのですが、なかには使い道が限られているものがあります。これを目的税、それ以外を普通税と呼びます。地方税のなかの目的税は、狩猟税・入湯税・事業所税・都市計画税・水利地益税・共同施設税・宅地開発税・国民健康保険税です。温泉に入るときに払う入湯税（すいりちえきぜい）は、環境衛生施設・鉱泉源の保護管理施設・消防施設・観光振興の費用に、固定資産税とあわせて払う都市計画税は、都市計画事業・土地区画整理事業の費用に、そして、国民健康保険税は、もちろん国民健康保険の費用に充てられます。国税の消費税を上げて、それを福祉の目的税にするという主張があることはご承知でしょう。

◆ 税金の大きさ

　税金の大きさを税収で見てみましょう。図表７を見てください。まず、国税。このうち、所得税・法人税・消費税の３つで８割以上を占めています。次に、地方税。都道府県税では、道府県民税と事業税をあわせて６割弱、これに地方消費税を加えると全体の８割強に達します。市町村税では、固定資産税と市町村民税が双璧で、全体の９割弱にも及んでいます。

◆ 望ましい地方税

　様々な税金のうちどんなものが地方税としてふさわしいのでしょうか。いくつかの原則が挙げられます。

　まず、自治体の行政サービス（受益）と税金（負担）の関係がはっきりしていることです。住民は、そこに暮らしていれば必ずなんらかの行政サービスを受けています。その関係がはっきり分かる税金が望ましいのです。住民税均等割と固定資産税がその典型です。前者は、住んでいれば行政サービスを受けているはずだということで、成人の住民なら誰でも納めるのが原則です。後者は、そこに土地、家屋などがあればその

2章　自治体財政の中心──地方税

●図表7● 税金の大きさ

<国税と地方税の状況（平成28年度）>

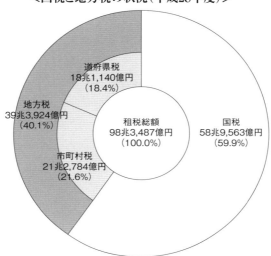

（注）　東京都が徴収した市町村税相当額は、市町村税に含み、道府県税に含まない。

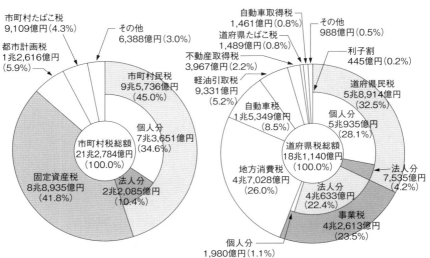

27

自治体の行政サービスが及んでいると考えられます。

　地方税の原則の2番目は、税収が安定していることです。自治体の行政サービスは、住民の日常の生活を支えているものが多いので、毎年決まって提供される必要があります。自治体の収入の都合によってあったりなかったりしたら困ります。それを賄うための税収はそのときどきの景気などによってあまり変動しないことが望ましいのです。

　3番目には、全国の自治体がかける税ですから、その対象が全国を通じてどこにもあることが絶対の条件です。個人にかける住民税、固定資産税、地方たばこ税などがこれに当てはまる典型的な地方税です。

2　住民税は地方税の主役

> **ここがポイント**
>
> 　住民税は、住民なら原則として納めなければならない一番大切な地方税です。なかでも均等割は会費にたとえられます。個人でも法人でもその自治体に住んだり活動したりしていれば、会員として分担金を払ってもらいましょうという考え方です。

◆主な地方税を眺めてみよう

　まず、**住民税**です。正式な名前は、**市町村民税**と**都道府県民税**、住民ならこの両方を納めますので、あわせて住民税と呼ばれています。読んで字の如し、その自治体の住民ならばたいてい納めている、地方税のなかでも一番大事な税金です。自治体の種類によって、県なら県民税、市なら市民税となります。

　住民税を納めるのは、その自治体に住んでいる住民です。住民には、みなさんのような個人と企業などの法人があります。住民税には、いくつかの種類があります。額が一定の基準によって一律に決まっている**均等割**（個人と法人）と、個人の所得に応じて課される**所得割**、法人税を納めている法人に課される**法人税割**が主なものです。このほか、都道府県だけに納めるものとして、金融機関等から利子の支払いを受けるとき

に納める**利子割**、株式等の配当所得に対する**配当割**、同じく譲渡所得に対する**株式等譲渡所得割**があります。

◆均等割は自治体の会費

　均等割は、全ての住民は自治体からなにかしら行政サービスを受けているので、必要なお金はできるだけ多くの住民が出しあうのが望ましいという考え方に基づいています。言ってみれば、自治体は住民がメンバーとなっているクラブのようなものだから、最低でも会費だけは納めてもらいましょうということです。ただし、生活保護を受けている人などは例外になっています。これは法人でも同じことで、たとえ赤字企業でも自治体から受けるサービスの見返りとしてこれだけは納めなければなりません。

　その自治体に住んでいなくても家や店や事務所などを持っている人は、そこの自治体に均等割を納めます。

　法人は、本社・支店などの事務所、工場などの事業所、寮などの施設がある自治体にそれぞれ均等割を納めます。

　均等割の額は、個人の場合は市町村ごとに一律（標準税率は、道府県民税では年に1,500円、市町村民税では年に3,500円）ですが、法人の場合は、道府県民税は法人の種類や資本金などの額によって5段階（年に2万円から80万円まで）、市町村民税では法人の種類や資本金・従業員の数によって9段階（年に5万円から300万円まで）に分かれています。法人は規模によって受ける行政サービスが違うからです。

◆所得割は自治体の所得税、法人税割は自治体の法人税

　所得割は、国税の所得税の自治体版です。ただ、所得税がその年の所得に対して課されるのですが、住民税所得割は、前の年の所得に対して課されることになっています。サラリーマンなどが給料から天引きされるしくみは所得税と同じです。

　所得割のしくみは所得税によく似ていますが、大きな違いは、税率です。所得税では、所得が多くなるほど税率が上がるしくみ（これを**累進**

税率と言います）で、所得の段階に応じて5％、10％、20％、23％、33％、40％、45％と7段階の税率が設けられています。かたや、住民税所得割は、所得の大きさとは関係なしに一律10％（都道府県4％、市町村6％）です。税をかける場合、払う能力に応じてかける応能という考え方と、利益を受ける程度に応じてかける応益という考え方とがありますが、同じ所得にかける税金でも、所得税は応能の面を強く出し、住民税所得割は応益の面が強いと言えます。

　法人税割は、国税の法人税の額をもとにして課されます。その意味では法人税の自治体版です。法人所得と同じ動きになりますので、景気に大きく左右されます。法人税と同じで、赤字の企業は納めなくてよいのです。

　その自治体の区域に活動の拠点（事務所・事業所）がある法人がその自治体に納めますが、2つ以上の自治体に拠点がある場合には、納めなければいけない額をそこで働いている従業員の数で分けてそれぞれの自治体に納めることになっています。

3　固定資産税は市町村税の王様

ここがポイント

　固定資産税は、土地・家屋・償却資産にかかります。土地は今まで値上がりが大きかったので、評価した額そのものではなく、かなり低く調整した額で計算されています。また、住宅や産業政策のための特例があります。
　国や自治体の資産には固定資産税はかからず、そのかわりに国有資産等所在市町村交付金をその市町村に納めています。

◆ **固定資産税は地方税の主流**

　固定資産税は、住民税（市町村民税）と並んで市町村の一番大事な税金です。土地、建物などの資産は、目に見える形で地域とのつながりがはっきりしているので、自治体の税金として適しています。先進諸国を見ても、資産に対する税金が地方税の主流になっています。

固定資産税の対象は土地、家屋、償却資産です。家屋は屋根のある建物全てと考えていいでしょう。償却資産は、事業に用いられる**機械・設備**です（もっとも、自動車・軽自動車は、それぞれ別に自動車税・軽自動車税がかかるので、固定資産税の対象からは除かれています。ただし、クレーン車などの大型特殊自動車には固定資産税がかかります）。

◆税額は評価で決まる

　固定資産税の額は対象となる資産の価格に税率（たいてい、1.4％）をかけたものです。価格は、評価で決まります。土地と家屋は3年ごと、償却資産は毎年評価されます。総務大臣が決める**固定資産評価基準**によって市町村長が評価して価格を決めることになっています。

　ただ、土地については、評価した額そのままではなく、それを調整してかなり低く抑えた額をもとにして税額を計算しています。というのは、土地は、経済成長や人口の都市への集中の影響で、1990年代の初めにいわゆるバブルがはじけるまで、毎年毎年値上がりが大きく、そのまま税額をはじくと、とても負担しきれないような大きな額になってしまうので、それを抑えるよう調整措置が取られてきたからです。その結果、土地に対する固定資産税の額は、3年おきの評価のたびに一度にドッと上がるのでなく、上がり幅をならして毎年少しずつ上がるように工夫されています。

　なお、住宅政策や産業政策のために特例があります。例えば、住宅用地では、原則の3分の1、そのうち小規模な宅地（200平方メートル以下）は6分の1と軽くなっています。

　いろいろある産業政策の特例を1つだけ挙げますと、新しく開通した新幹線の線路などの施設は、最初の5年間は本来の税額の6分の1、次の5年間は3分の1とされています。

　また、国や自治体の資産には固定資産税がかかりません。それに代わる**国有資産等所在市町村交付金**が所有者である国や都道府県などからその市町村に対して交付されます。公務員住宅、空港、国有林などがその例です。

なお、固定資産税は市町村の税金ですが、東京都の23区については東京都がかけることになっています。（そのうちの約半分は、23区の間の財政力の違いをならすための特別区財政調整交付金として使われます。）

COFFEE BREAK

新幹線はどこが課税するの

　固定資産税の対象になる固定資産は文字どおり「固定」してあって動かない資産のように受け取られるかもしれませんが、新幹線の電車、旅客機、貨物船のようにしょっちゅう動いているものも償却資産として対象になります。どこの自治体が課税することになるのでしょうか。
　ルールがあります。新幹線の電車に課税できるのは、新幹線が走る線路のある市町村で、評価額の半分をその市町村にある線路の長さに応じて、半分をその市町村を走る距離に応じて分けます。旅客機は、立ち寄る飛行場がある市町村で課税し、半分は市町村で山分けし、半分は立ち寄る回数で分けます。貨物船は、港のある市町村が、その船が港に入った回数で分けます。

4 事業税は都道府県税の柱

ここがポイント

　事業活動は行政サービスから利益を受けているというのが事業税の根拠です。今までは赤字企業は納めなくてもよいので不公平で不安定でしたが、大きな企業に限って所得の他に資本金額などの外形標準にもかけるようにして、赤字でも納めなければならないように改められました。
　消費税は自治体にとっても大切な税金です。地方消費税はもちろんですが、国税の消費税の一部は地方交付税として自治体に配られているからです。

◆事業にかかる事業税

　事業税は、住民税（都道府県民税）に次いで都道府県の中心の税金で事業が対象となります。法人と個人の行う事業活動が道路の整備などの都道府県が行う行政サービスから利益を受けていることに事業税の根拠があります。

　法人は原則として全ての事業が対象になりますが、個人は対象となる事業が定められています。と言っても、お店屋さん、不動産屋さん、電気屋さん、運送屋さん、印刷屋さん、駐車場、写真屋さん、旅館、飲食店、床屋さん、その他まちで見かけるような事業はほとんど対象になります。

　法人事業税は、各事業年度の所得にかかります。個人事業税は、前の年の事業所得にかかります。

◆所得から外形標準へ

　事業税は大きな問題を抱えてきました。所得にかかるために、赤字の場合には納めなくてもよいからです。全国で約280万の法人があるなかで、利益を出して事業税を払っているのは、約3分の1に過ぎないのです。都道府県にとっては、その分、行政サービスに見合った税収が得られません。また、景気の状況をもろに受けて税収の増減が激しい点も安

定した収入が望ましい都道府県にとって好ましくありません。そこで、所得の代わりに事業活動の大きさを表わす指標（「外形標準」と言います）、例えば、資本金額、売上額、人件費の額などにかけるべきではないかという**外形標準課税**の提案が繰り返し行われてきました。

　これを受けて、平成16（2004）年度から資本金が1億円を超える企業に限って外形標準を取り入れることになりました。具体的には、所得とならんで付加価値（給与・利子・賃借料など）と資本（資本金など）が対象に加わります。長年の懸念に目途がついて、税収の安定に向かって一歩を踏み出したのです。

◆消費税は大きな財源

　消費税は、国税です。税収の大きさから言って所得税、法人税に次いで大きな税金です。買い物などお金を使うたびに払うということで、私たちの生活にたいへん縁のある身近な税金です。その自治体版が、都道府県に納める**地方消費税**です。みなさんがレジでお買い物の8％分の消費税を払いますが、正確には、6.3％が消費税、1.7％が地方消費税なのです。

　さらに、国に入る消費税のうち19.5％は地方交付税を配る資金として使われ最終的に自治体に行きますので、8％のうちの2.95％（全体の36.9％）までが自治体の収入になることに注意してください。消費税は自治体にとってもなくてはならぬ大切なお金なのです。

5　地方税のなかまたち

> **ここがポイント**
>
> いままで登場した地方税の主役のほかに、多彩な顔ぶれの脇役の地方税があります。また、地方税の親戚として、国が徴収して自治体に渡される地方譲与税と都道府県が徴収して市町村に渡される各種の交付金も大切な収入です。

◆市町村税のなかまたち

　市町村の税金として、軽自動車税、市町村たばこ税、都市計画税などがあります。

　軽自動車税は、軽自動車、バイクにかかります。昔は、自転車や荷車にまで税金がかかっていました。

　市町村たばこ税は、たばこにかかる税金の１つです。たばこには、国たばこ税、国たばこ特別税、都道府県たばこ税、市町村たばこ税の４種類のたばこ税がかかります（全部合わせると、たばこの値段の６割強が税金です）。市町村たばこ税は、その市町村の区域のなかで売れたたばこの本数がもとになりますので、「たばこは地元で買いましょう」という市町村の広報には大いに意味があるわけです。

　都市計画税は、固定資産税の兄弟のような税金です。対象は、土地と家屋です。償却資産にはかかりません。固定資産税と一緒に納めます。都市計画事業や土地区画整理事業の費用に充てる目的税です。

　国民健康保険税は、市町村の特別な税金です。市町村が運営している国民健康保険に加入しているひとが払う保険料としての性格をもつものです。国民健康保険を賄うため、加入者や加入世帯の頭割のほか、所得や資産に応じて課されます。自営業者や退職者が入っている国民健康保険の財政は厳しく、かなりの市町村で赤字になっています。市町村によっては、住民税よりもはるかに高くなっていて、それだけみなさんの関心も高い税金です。

◆ 都道府県税のなかまたち

　都道府県の税金としては、いままで出てきた以外に、税収の大きなものとして、自動車税、不動産取得税、軽油引取税などがあります。

　自動車税は、自動車にかかります。車の種類や排気量によって税率が違っているのはご承知のとおりです。ただし、軽自動車には軽自動車税、大型特殊自動車には固定資産税がかかります。

　不動産取得税は、土地・家屋を取得したとき、その価格に応じて納めます。

　軽油引取税は、トラック・バス・タクシーなどの燃料として使われている軽油にかかります。

◆ 国から自治体・都道府県から市町村に渡る税金

　税金のなかには、徴収の都合上、形としては国税として納められたものを都道府県・市町村に渡すことになっているものがあります。また、同じように、自治体のなかでも、都道府県の税金として納められたものを市町村に渡すことになっているものがあります。

　国から自治体に渡されるものを**地方譲与税**と言います。大きなものは、地方揮発油譲与税で、国税として徴収された地方揮発油税（ガソリンにかかります）の全額が都道府県・市町村の道路の長さと面積に応じて配られます。そのほか、空港のある市町村に渡る**航空機燃料譲与税**、港のある市町村に渡される**特別とん譲与税**などがあります。

　都道府県から市町村には都道府県に納められた税金の一部が交付金として渡ります。一番大きなものは、**地方消費税交付金**です。都道府県に納められた地方消費税の半分を各市町村の人口と市町村にある事業所の従業員数に応じて市町村に交付します。そのほか、都道府県に納められる法人事業税、ゴルフ場利用税、軽油引取税の一部が、法人事業税交付金、ゴルフ場利用税交付金、軽油引取税交付金として市町村に交付されます。

6 地方税の自由度

ここがポイント

　地方税の大枠は地方税法で決められていますが、自治体が自由にできる部分もあります。法定外税を起こしたり、税率を上下したりすることです。
　実際には、自治体の横並び意識や住民の反対へのおそれから税率はほとんどの自治体で同じです。

◆地方税と地方自治

　いままで説明してきました地方税は、地方税法という法律で決められています。しかし、なにからなにまで全部法律でピシャッと決まっているわけではありません。地方自治の精神を尊重して、自治体が自由に決められる余地が残されています。ただ、税金は、経済活動の全てに大きな影響を及ぼすとても重要な制度です。経済活動は、もちろん、自治体の区域とは関係なしに、区域を超えて行われます。だから、税金のしくみが自治体によって全くバラバラだったら困ります。そこで、国の法律で大枠を決めるのは当然です。しかし、自治体ですから全国一律の制度を強制するのは好ましくありません。自由にできる範囲も残しておかなければいけません。

　地方税は、自治体にとってどのくらい自由になるのかを見ることにしましょう。

◆どんな税金でもかけられるのか

　まず、税金の種類です。その税金をかけるかどうかを自治体が自由にできるかという点から現在の地方税は3種類に分かれます。

　1番目は、自治体がかけるのが原則だとされている税金です。

　次の2番目に出てくる税金以外は全てこれに入ります。自治体はかけるかかけないか判断する余地はありません。

　2番目は、地方税法に出てはくるが、かけるかどうか自治体の自由に

まかされている税金です。

　市町村税の都市計画税・水利地益税・共同施設税・宅地開発税・国民健康保険税、都道府県税の水利地益税は、かけるかどうか自治体の自由です。

　３番目は、自治体が独自にかける税金です。

　自治体は、地方税法で内容が決められている税金以外に、独自の税金を起こすことができます。**法定外税**と呼ばれています。ただし、総務大臣の同意がいります。国税や他の地方税とダブらないか、経済活動の妨げにならないか、などを判断する必要があるからです。法定外税の仲間では原子力発電所がある道県が電力会社にかけている**核燃料税**が知られています。法定外税というと、自治体が工夫して様々な税金を作っているように思われるかもしれませんが、実際のところ、すでに存在している税金が対象としているもの以外に収入が見込める新しい税金のタネはそんなにはありません。増収のためというよりむしろ、他の地域から産業廃棄物が運び込まれるのをけん制するねらいを持つ産業廃棄物税（三重県など）、貴重な観光地への乗り入れを制限するための乗鞍環境保全税（岐阜県）など特定の政策を進めるための手段としての法定外税が注目されています。

◆法定外税の可能性

　自治体の工夫次第でいろいろな税金が考えられるだろうと思われるかもしれませんが、実際は、税金の対象となる所得や資産や消費のほとんどはすでに法律で決められている税金がかかっているので、新しく税金を起こせる余地はそう大きいものではありません。しかし、なかには、自動車取得税（平成31（2019）年廃止予定）のように、最初は、自治体が法定外税として独自にはじめた税金がだんだん広まって、ついには法定税として全国的に行われるようになったものもあるので、知恵を出す努力は怠ってはなりません。

　現在行われている法定外税としては、上に出てきた税のほか、市町村税では、別荘等所有税（静岡県熱海市）、砂利採取税（神奈川県山北町）、

空港連絡橋利用税(大阪府泉佐野市)などがあります。

◆**税率は変えられるか**

　つぎに、税率です。自治体が自由に決められるかどうかという点から現在の地方税の税率は次のように5種類に分けられます。

　1番目は、標準税率とそれを上回る場合の上限が決められている税金です。

　標準税率というのは、自治体が普通はこの率でかけるが、財政上特別の必要があるときは、もっと高い率でかけることができるとされている税率です。

　と言っても上限が決められているものが多いのです。これを**制限税率**と言います。

　市町村税では、市町村民税法人税割、軽自動車税など、都道府県税では、道府県税の法人税割、事業税、自動車税などがこの種類です。

　制限税率としては、標準税率の2割増しから5割増し程度が設定されています。

　例えば、市町村民税法人税割の標準税率は、9.7%ですが、これを上回って12.1%までかけることができます。

　2番目は、標準税率が決められていて上限がない税金です。

　個人住民税の所得割と均等割、固定資産税、不動産取得税、入湯税などです。

　3番目は、標準税率がなく、制限税率だけ決められている税金です。

　都市計画税は、0.3%の制限税率が決められているだけで、それ以下の税率で自由にかけることができます。

　4番目は、税率が1つに決められていて自治体の自由がない税金です。

　これを**一定税率**と言います。経済政策などから全国を通じて一律の税率が望ましいと考えられているものです。市町村税では、市町村たばこ税、特別土地保有税、事業所税、都道府県税では、道府県民税利子割、道府県たばこ税、自動車取得税、軽油引取税などです。

最後は、法律では税率が決められていなくて、自治体が自由に決められる税金です。

これを**任意税率**と呼びます。国民健康保険税、宅地開発税などです。

◆ **実際の税率は横並び**

このように、税率に関しては、自治体はその財政状況に応じて税率を決めることができるかなりの自由が与えられています。しかし、現実には、それが十分活かされているかどうか疑問です。標準税率を超えて課税しているいわゆる**超過課税**の大部分は、法人に対するもので、総額の90％に上っています。個人に対する課税は、市町村税の中心となっている市町村民税所得割（住民税の一部）では、標準税率より高い税率の市町村は、２団体、固定資産税では全体の1割弱に過ぎません（平成28年度決算）。反対が強いという政治的な理由からです。元を正せば、自主的に運営するというよりも、いつも他の自治体を横目でみながらそれにあわせようとする自主性の弱さがあることは否定できないでしょう。本当は、必要な収入の額にあわせて税率を上げたり下げたりすることが望ましいのです。そうしたら、住民は嫌でも地方税に関心を持たざるを得ないでしょうから。

◆ **減税はできるか**

逆に、標準税率より低い税率でかけることはできるのでしょうか。地方税法の上では特に制限がありませんので、「できます」が答えです。ただ、後で説明しますように、それをやった場合には、自治体に交付される地方交付税の額が、標準税率で課税したという前提で計算される結果、税率を下げた分だけ交付税も減ってしまうという実質ペナルティがあるので、実際には行われていません。

自分のところの税金だけではやっていけずに地方交付税をもらっている自治体がほとんどという現実では、標準税率より低い税率にする（減税する）のは土台無理な話でしょう。

3章　国から来るお金——地方交付税と補助金

1　税金だけでは足りない

ここがポイント

> 税収は、地域経済の状況を反映して、自治体によって大きな開きがあります。ほとんどの自治体が自前の税金だけではやっていけません。足りない分を埋め、必要な仕事ができるようにしているのが国から自治体に配られる地方交付税です。

◆地方交付税は「税金」？

　地方交付税は、日本独特のしくみです。地方交付税の中身を知ることは、自治体財政ばかりでなく、日本の地方自治の本質と問題点を知ることにつながります。それだけ、地方財政・地方自治にかかわる様々な問題を含んでいるのです。

　地方交付税は、なまじ「税」という名前がくっついているので国や自治体がかける税金の一種と思われるかもしれませんが、そうではありません。これから説明する自治体の間に存在する財政力の格差——貧富の差——をならすために考え出された制度を**地方交付税制度**、この制度によって国から自治体に配られるお金のことを**地方交付税**と呼んでいるのです。

◆税金では足りない

　地方自治というからには、自治体が自分で必要なお金を調達して必要な経費に充てるのが本来の姿であることは言うまでもありません。必要なお金は住民みんなで出し合う、それが自治体に納める地方税であるはずです。ところが、住民が納めた地方税だけでは必要な経費が賄えない自治体が圧倒的に多いのです。自治体の仕事には、自治体が自分で必要

と判断した仕事のほかに法律によって義務づけられている仕事があります。小学校・中学校、消防、生活保護その他たくさんの仕事は日本のどこであろうと自治体が行うことになっているのです。しかし、それをやるのに自治体がかける税金だけでは足りないとすれば、その分をなんとかして補わなければなりません。世界中どこの国でも似たような問題があり、様々な工夫をしています。自治体の財政力の違いを調整するしくみ、それを**地方財政調整制度**と呼んでいます。日本の場合は地方交付税制度がそれに当たるわけです。

◆金持ち自治体、貧乏自治体

　自治体の財政力の差はどのくらいあるのでしょうか。住民1人当たりの地方税の額で比べてみましょう。まず、都道府県です。平成28（2016）年度の都道府県の住民1人当たりの額は、最高が東京都の約23.5万円で、愛知県の16.9万円、福井県の14.9万円、大阪府の14.7万円が続きます。一方、低い方に目を移せば、最低の沖縄県は9.6万円、長崎県9.9万円、奈良県10.3万円、鹿児島県10.3万円、和歌山県10.5万円……と並びます。東京都と沖縄県の差は約2.4倍です（全国の都道府県の税収の凸凹については、図表9（50ページ）を見てください）。これが市町村になりますと、さらに大きな差となります。住民1人当たりの市町村税の税収一番は、北海道泊村の141万円、最低は、福島県浪江町の2.8万円で、なんと約50倍の開きがあります（皮肉なことに、泊村は原発所在地、浪江町は、原発事故により避難を余儀なくされている町です）。市に限定しても、最高は、愛知県豊田市（言わずと知れたトヨタの所在地）の約28.7万円、最低は、北海道歌志内市（炭鉱のあったところ）の約6.1万円、その間には5倍近くの格差があります。経済活動が地域によって大きく偏っている日本経済の現実が見てとれます。

2 地方交付税のしくみ

ここがポイント

　毎年度、政府は、自治体全体の収入と支出の見込みを立て、地方税では足りない分、地方交付税を確保します。この額を地方税だけでは足りない自治体に配ります。どれだけ足りないかは、標準的な経費をモデルに基づいて計算した基準財政需要額と一定のやり方で見込まれた基準財政収入額の差で表わされます（基準財政需要額が基準財政収入額を上まわる自治体に普通交付税が配られます）。

　この方法ではつかみきれない特別な経費に充てるために特別交付税があります。

　地方交付税は、地方税と同じように、なににでも充てることができます。

◆地方交付税のしくみの基本

　地方交付税制度の基本のしくみを説明しましょう。地方交付税の全体の額をどうやって決めるのか、そして、それをどうやって１つ１つの自治体に配るのか、この２つが基本です。

◆総額の決まり方

　まず、地方交付税の総額です。これは、原則として、国に入るいくつかの種類の税金の何％と決まっています。平成30年度では、所得税・法人税のそれぞれ33.1％、酒税の50％、消費税の22.3％、地方法人税（法人税の4.4％）を合計した額です。なぜ税金の種類によって％が違っていたり、コンマ以下までついた数字だったりするのか疑問に思われるでしょうが、税制改正やその時々の財政の状況を見てはじき出された結果こうなったと理解してください。

　原則は、これらを足しあわせたものが地方交付税の総額です。しかし、実際にはこれだけでは必要な額に足りず、特例の措置としていろいろやりくりをして足りない分が加えられるのが通例となっています。特例分は、必要な額を確保するために、毎年度、原則分に加えて、国の会

計から上乗せしたり、交付税特別会計が借り入れたり、その他様々な財政上のテクニックを駆使してつじつまをあわせているので、かなり分かりにくくなっています。

　それでは、地方交付税の総額がいくらであれば、その年度の自治体の支出に足りるのか、どうやって判断できるのでしょうか。それは、**地方財政計画**によるのです。毎年度、政府は、次の年度の自治体の歳入と歳出の総額の見込みを立てて、国会に提出することになっています。現実に自治体に入ってくる収入、出て行く支出を推計した額ではなく、一定の前提と手法によって立てたおおざっぱな見込みです。この地方財政計画で、その年度の地方交付税の総額が決められます。

◆交付税の２つの種類

　次にこうして決められた地方交付税の総額を総務省が各自治体に配るわけですが、地方交付税は、２種類に分かれます。**普通交付税**と**特別交付税**です。

　普通交付税は、地方交付税総額の94％とされていて、地方交付税の本体と言ってよいでしょう。自治体の税金では足りない分を補うのが地方交付税ですが、自治体の仕事には全国で行われている標準的な行政と、特にその自治体の政策判断や特別な事情によって行われている行政とがあります。普通交付税は、前者をカバーするものです。全国の自治体を公平に扱う上で必要なことではあるのですが、それですと、全国一律、画一になり過ぎて、適当ではありません。そこで、その欠点を埋め合わせる分として残りの６％が充てられています。これが**特別交付税**です。大きな災害が起きた場合が典型的です。

◆普通交付税の配り方

　そこで、普通交付税の配り方です。各自治体ごとに足りない分を計算して、原則としてその足りない分が配られます。足りない分を「財源不足額」と呼んでいます。これは、次の算式で表わされます。

　　普通交付税額＝財源不足額＝基準財政需要額－基準財政収入額

◆どれだけ必要か─基準財政需要額

基準財政需要額は、自治体が行政を標準的な水準で行うのに必要な経費の額をはじき出したものです。自治体が現実に支出する額ではなく、仮想の自治体を想定して、各行政分野について妥当な経費と考えられるものを積み上げて計算したいわばモデル計算によっています。

具体的には次のとおりです。まず、都道府県と市町村それぞれの行政の内容を分野ごとにいくつかの費目に分けます。都道府県分は、警察費・道路橋りょう費・河川費・小学校費・中学校費・高等学校費・社会福祉費・商工行政費・農業行政費など25項目です。市町村分は、消防費・道路橋りょう費・都市計画費・小学校費・中学校費・社会福祉費・農業行政費など25項目です。

◆経費のものさし

それぞれの項目について、必要な経費をはじくのに一番関連の深いと考えられる尺度（**測定単位**）を決めます。例えば、市町村分の消防費では「人口」、小学校費では「学校数」「学級数」「児童数」、道路橋りょう費では「道路の延長」「道路の面積」などです。

次に、測定単位の1単位当たりいくらかかるかを出します。この単価は**単位費用**と呼ばれ、標準的な団体を想定して、そこではいくらかかるかをはじくのです。**標準団体**と呼ばれますが、市町村では人口10万人・面積210平方キロメートルの市、都道府県では人口170万人・面積6,500平方キロメートルの県をモデルとしています。この標準団体で施設数や職員数がこれも想定されます。消防費を例に取れば、消防本部・消防署それぞれ1ヶ所、出張所3ヶ所、消防ポンプ自動車10台（内訳は、水槽付3台、はしご付1台、化学1台、普通5台）、救助工作車1台、高規格救急自動車5台、職員132名という調子です。

このように想定された標準団体でそれぞれの行政分野ごとにいくらかかるかを出します。かかる経費を賄うために国庫補助金や手数料など特別のお金が充てられる場合にはそれを差し引きます。差し引いた残りを地方税で賄うことになるのですが、足りない場合にその分、地方交付税

で補うことになるわけです。

　こうして計算した額を標準団体の測定単位の数値で割ったものが単位費用となります。消防費では、図表8で見るように、必要なお金の総額は、11億4,053万6,000円ですが、国庫支出金・手数料などが入ってきますので、それを差し引くと、11億3,483万4,000円となります。これを測定単位（最近の国勢調査人口）の数値の10万（人）で割ったものが単位費用で、11,300円です。これが標準団体の人口1人当たりの消防費です。この単位費用を各自治体での測定単位の数値にかければそれぞれの自治体で必要な経費の額が計算されるわけです。もしあなたのまちの人口が6万人だとすれば、消防費の基準財政需要額は、測定単位の数値（60,000）×単位費用（11,300円）で、6億7,800万円となります。

●図表8●　きめの細かい交付税の計算（消防費の例）

（出所　総務省「平成29年度地方交付税制度解説（単位費用篇）」）

●図表8●

(細目) 1 常備消防費　(細節) (1)常備消防費

(単位　千円)

区　分	金　額	積　算　内　容	
報　　　　酬	139	産業医	
給　与　費	665,437	消防吏員97人、職員2人	
		給　与	638,070
		夜間勤務手当	
		休　日　給	27,367
		特殊勤務手当(出動手当、夜間特殊業務手当等)	
需　用　費　等	87,163	消防情報化推進対策経費(通信回線使用料、パソコン等)	1,462
		被服費	3,927
		安全装備品	1,508
		自動車関係経費	
		水そう付消防ポンプ自動車	
		化学消防ポンプ自動車	
		普通消防ポンプ自動車	24,048
		はしご付消防ポンプ自動車	
		救助工作車	
		指揮車	
		その他(オーバーホール経費等を含む)	
		救助用資機材	4,157
		高機能消防指令センター(1/3分を含む)	608
		防火水そう	12,344
		緊急消防援助隊の広域訓練・無償使用車両の維持管理に係る経費	154
		119番通報時等における多言語対応事業	377
		その他(報償費、旅費、役務費、備品購入費等)	38,578
委　託　料	434	火災原因調査委託費	363
		消防情報化推進対策経費(LAN管理委託料)	71
負担金、補助及び交付金	353	常備消防関係諸負担金	353
繰　出　金	7,234	公営企業水道会計繰出金	7,234
歳　出　計　a	760,760		
国　庫　支　出　金	203	消防防災施設整備費補助金	
県　支　出　金	4,202	消防施設等整備費補助金	
使用料及び手数料	1,297	危険物製造所等設置許可手数料等	
歳　入　計　b	5,702		
差引一般財源　a−b	755,058		

◆条件の違いは補正で

　ところが、単位費用は、あくまでもモデル自治体を想定して出した架空の数字です。現実には、積雪寒冷地、人口規模などの違いでかかる経費の額が違うのです。例えば、一般的には、規模の利益が働いて、他の条件が同じなら、単位当たりの経費は測定単位の数値が大きくなるにつれて割安になり、小さくなるにつれて割高になるはずです。消防費で言えば、人口が2倍なら2倍かかるわけではなく、人口が多ければ1人当たりの消防費は少なくなるでしょう。また、同じ高等学校費でも、工業高校の方が機械設備・教材などを調えなければならない分、普通高校より経費がかかるはずです。このような違いをできるだけ反映するために補正が行われます。

　つまり、基準財政需要額は、次の算式で計算されることになります。

基準財政需要額＝測定単位の数値×補正係数×単位費用

◆もっと分かりやすいしくみを

　地方交付税は、1954（昭和29）年に制度ができて以来、できるだけみんなが納得するような交付の仕方をしようと毎年度努力が積み重ねられてきました。その結果、上で述べた基準財政需要額にしても、補正係数にしても、そのしくみが分かっているのはごく少数の担当者だけと皮肉られるほど、細かく、ややこしくなってしまいました。

　地方財政の柱の1つがこれではいけないという批判を受けて、もっと分かりやすくするための取り組みが進んでいます。

　算定の基礎となる項目や補正係数が減らされました。経費の一部については、単純に、「人口」と「面積」によって計算されます。

◆どれだけ入ってくるか──基準財政収入額

　かたや、**基準財政収入額**は、その自治体の標準的な収入として決められた方法で計算されたものです。毎年決まって入ってくる地方税や地方譲与税などが対象です。その年度に実際入ってくる額はまだ分かりませんし、税金の徴収率など自治体の努力によって左右される要素もありま

すので、前年度の実績や国税統計など客観的な統計資料を使って計算されます。

　基準財政収入額の注目点は、このようにして計算された額の全額ではなく、市町村・都道府県共その75％が収入額とされることです。言いかえれば、25％分は基準財政収入額から除かれて、自治体の手元に残ることになります。この率は**留保財源率**と呼ばれます。

　全額を収入額にしない理由は、2つあります。1つには基準財政需要額は、あくまでもモデル計算された全国画一のものなので、千差万別の自治体の必要に応えるものとはなっていません。そこで、自治体の手元に余裕を残すことによって、基準財政需要額ではつかむことのできない自治体の独自の需要に充てるようにしているのです。もう1つは、仮に、自治体の税収をそっくりそのまま100％収入額としたら、自治体が企業誘致や徴税努力によって税金を増しても増えた分だけそっくりそのまま交付税が減ってしまうことになります。それではせっかくの努力が水の泡になってしまい、努力する意欲をそいでしまうおそれがあるからです。基準財政収入額に入れる分を75％にすることで、増えた税収の少なくとも25％相当分は純増になるわけです。

　25％分は自治体が自由に使える財源になるとも言えます。時々、税収を上げてもそれだけ交付税が減らされるので意味がないという首長さんの声がありますが、交付税のしくみを十分に理解した上での発言か疑問です。

◆需要額と収入額の差額が交付税

　このようにして、各自治体ごとに基準財政需要額と基準財政収入額が計算されます。需要額が収入額より多ければ、その差額の分だけ、足りないことになり、それが普通交付税として配分されます。逆に、収入額が需要額を上回ったり、収入額と需要額がトントンの場合には、自分のところの収入だけでやっていけることになり、交付されません。普通交付税をもらう自治体のことを**交付団体**、もらわない自治体のことを**不交付団体**と呼んでいます。

●図表9● 交付税が税収の格差を調整している

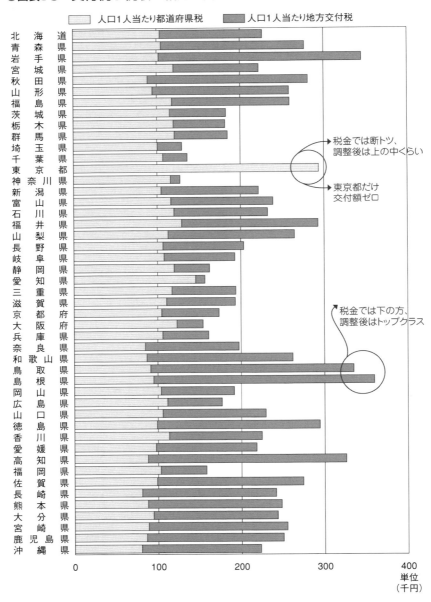

このようにして、毎年8月末までに各自治体へ配られる地方交付税の額が決まります。収入に占める交付税の比重が高い自治体が多いので、交付税の額が決まれば、予算に盛り込まれたその年度の事業に安心して取りかかれることになります。

　このようにして普通交付税が配られた結果、どのくらい自治体の間の財政の格差が少なくなるのでしょうか。前に都道府県の住民1人当たりの税金の格差を見ました（42ページを見てください）。普通交付税は税金の凸凹を少なくする制度ですから、都道府県税＋普通交付税の住民1人当たりの額を見ましょう（平成28年度）（図表9）。税金の1人当たりの額と比べると様変わりしているのが分かります。

　1人当たりの税額では下の方だった島根県、鳥取県、高知県あたりがトップクラスに浮上していますし、逆に、税額ではトップグループだった愛知県、神奈川県、埼玉県あたりがむしろ下の方になっているという逆転現象が見られます。

　市町村では、一般的に、人口が少ないほど財政も厳しく、地方交付税の比重も大きくなるという明らかな傾向があります。

◆特別な経費に特別交付税

　特別交付税は、普通交付税の算定ではつかみきれない特別な事情を考慮して配られます。

　台風・地震・大雪・噴火などの災害対策に多額の経費がかかった場合が典型的ですが、そのほかにも、首長の辞職や議会の解散による特別選挙の費用など予定外の支出が配慮されます。普通交付税に入っていない小中学校の特別支援学級、過疎地域のバス路線を維持するための経費なども対象になっています。マイナスの要素もあり、競馬・競輪などのいわゆるギャンブル収入は、減額されることになっています。

◆使い方は自由、これは大原則

　地方交付税で大事なことは、使いみちが限られていないことです。地方税収入が足りないのを補うのが目的ですから、地方税と同じく自治体

の判断で広くどんな目的にでも使うことができます。基準財政需要額を算定するためにそれぞれの行政項目でどれだけ必要かという計算をしますが、これはあくまでも配分する額を出すために使う一応の目安に過ぎません。それだけの額を支出しなければならないというものではないのです。なににどれだけ使うかは自治体が自主的に判断すべきことです。なかには基準財政需要額をはじき出す基礎になっているけれど、うちのまちではそこまではやらないという行政だってあってよいのです。

この点はしばしば誤解されるようです。国の各省が自らの施策を推進しようとして、地方交付税に折り込まれているからという理由で自治体に特定の施策を行うよう働きかけたり、また、運動団体や住民団体がそれを受ける形で自治体に実施を迫ったりすることがありますが、地方交付税の本質を理解しているとは言えません。その行政施策が基準財政需要額の計算の基礎に入っているから行うのではなく、あくまでも自治体が必要だと判断するから行うのです。

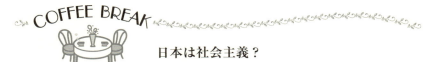

日本は社会主義？

以前、発展途上国の公務員たちに日本の地方財政の話をする機会がありました。地方交付税が財政調整の役割を見事に果たしているのを知った彼らの感想は、「地方財政に関しては、日本は社会主義の国」ということでした。

違う国の人たちの話を聞くといつもは気がつかないことを指摘されてハッとすることがあります。講義の後、全員に日本に来て一番印象に残ったことをたずねたところ、スロバキアから来た女性公務員は、「日本はどんな自治体に行ってもしっかりとした公務員がいる」、中国の公務員は、「山に木が生えていること」と答えてくれました。

3　地方交付税の光と影

> **ここがポイント**
>
> 　交付税のしくみは日本のすみずみまで行政水準を上げるのに大きく役に立ちました。しかし、その反面、自治体は交付税にずっぽりつかりすぎました。交付税をもらっていない自治体はほとんどありません。財政調整が行き過ぎ、都市と地方の逆格差も目立ちます。
> 　交付税の元々の意味に立ち戻った改革が求められます。

◆全国のすみずみに光を

　この章の最初にふれたように（41ページを見てください）、地方交付税は、日本の自治体財政の鍵を握っているとでも言える自治体にとって大切な収入です。どんなに財政的に貧しい自治体でもこのおかげで平均的な行政を行うことができるよう保障されてきたのです。このしくみが日本全国の行政水準を底上げしてきた功績には計り知れないものがあります。地域の開発に貢献し、日本経済の発展にもつながりました。日本のすみずみに行政サービスの光を当てたのが地方交付税制度の最大の成果でした。

◆交付団体が人並み

　しかし、まさに、同じ理由で、地方交付税は大きな問題をかかえるようになりました。地方交付税の比重が大きくなりすぎ、これなしでは地方財政が成り立たなくなってしまったのです。自前の財源ではやっていけず地方交付税をもらってはじめて一人前の行政をやれると言う意味では、個人の生活に例えれば、親の仕送りや生活保護を受けてやっと生活していけるということです。これは自治体として決して正常な姿ではありません。

　ところが、全国の自治体のなかで、このような自治体—交付税をもらわないとやっていけない交付団体—がほとんどという事態になってしま

いました。平成30年度で見れば、都道府県では、不交付団体は東京都だけ、市町村では77団体、全体のわずか4％に過ぎません。いろいろな意味で力があるはずの横浜市、名古屋市、大阪市などの大都市も軒並み交付団体です。これは、明らかに異常と言っていいでしょう。

　交付税をもらうのが普通になりすぎて、その本来の意義がはっきりしなくなっているきらいがあります。交付団体だった市がある年度に不交付団体になったこと、言いかえれば、財政的に自立できるようになったことを「不交付団体に転落」と表現した新聞があったくらいです。

　交付団体のなかには収入に占める市町村税の割合が、なんと数％以下で、ほとんどが地方交付税というところさえあります。職員の給与はおろか議会の経費さえ自前では出せないのです。これで自治体と言えるでしょうか。このように、自治体にとって地方交付税が欠かせないものになってしまった結果、自主性が損なわれ、他人まかせの財政運営になってはいないかという大きな問題があります。

◆ナショナルミニマムとは

　交付税の算定の方法にも疑問が投げかけられています。基準財政需要額を計算する基礎となる行政の内容は果たして全ての自治体がやることが期待されている標準的な行政なのか、必ずしもそうではないのではないか、という疑問です。

　地方交付税制度ができたはじめの頃は、まだ行政の水準が低かったので、基準財政需要額の内容も基本的な行政に限られ、全国的に必要な最低と考えられる水準（**ナショナルミニマム**）を満たすものとして疑問を挟む余地は少なかったのです。ところが、高度経済成長を経て、社会が成熟するにつれ、基準財政需要額の内容に自治体が取り上げるかどうか選択できるような多彩な行政も盛り込まれるようになりました。そもそも自治体が標準的に行う行政の中身を国が決めるのはおかしいのではないかという基本的な疑問も聞かれます。

◆都市住民の不満

　地方交付税の原資となるのは所得税、法人税、消費税など国の主要な税金です。その多くを納めているのは、首都圏その他経済活動の活発な地域の住民と企業です。全国的にまだ行政水準に格差があったときは、財政的に豊かな地域から貧しい地域にお金をまわすのは当然だと思われていたとしても、その差がほとんどなくなった今、しだいに都市住民の間に不満が広がってきたのです。

　全戸にパソコンを配ったという村がありました。中学生全員を毎夏イギリスに旅行させる町がありました。こういう特別なサービスを自分たちの税金で賄っていれば進んでいる（？）自治体として評価されるかもしれません。しかし、これは地方交付税があるからこそできるのです。その費用は、もとはと言えば都市住民が負担しているのです。そんなことをやってもらうために満員電車で通勤して汗水たらして働いて納めた自分たちの税金を回されるのはとんでもないと都市住民が考えるようになったのです。

　逆に、ナショナルミニマムと考えられる基礎的な行政で、都市よりも地方の水準の方が高くなる現象が起きています。高齢化に伴いますます必要になっている高齢者の施設介護のための特別養護老人ホームの整備は、地方は十二分なのに都市では何年も待たないと入れない状況です。素晴らしく整備された空き空きの道路の逆格差は言うまでもありません。

　自治体であるからには、必要な財源は自分で賄うのが当たり前です。そうしてこそ住民は自分たちの納めている税金が適切に使われているかどうか関心を持ち、チェックもするのです。自分の懐が痛まないならいくらでもお金を使いたい、これが人間の心理で、自治体でも同じことです。

　地方交付税制度のこのような影の部分が目立ちはじめたのと、今まで自治体財政の面倒を見てきた国の財政もたいへん厳しい状況になったので、地方交付税の見直しが大きな課題になっています。それに対する答えは、ナショナルミニマムを保障するという地方交付税制度の原点に帰ることでしょう。少なくとも全自治体の半分以上が不交付団体になるように国と自治体をひっくるめて財政のしくみを変えることです。

4 補助金のはなし

> **ここがポイント**
>
> イタダクという感のある補助金ですが、必要な経費を分担するという性格のものなどいくつかの種類があります。地方交付税と一緒に行政水準を上げることに役立ってきましたが、どうしてももらう方が弱い立場になり、地方自治をゆがめる面が出がちです。
>
> 一番の問題は、自治体が地域にとって何が必要なのかを自分の頭で考えずに国のメニューをうのみにしてしまうことです。

◆補助金ってなに？

補助金という言葉は、誰でも知っています。自分だけで経費を負担するのはたいへんだから、誰かに援助してもらうこと、そんな感じで普通に使われています。自治体財政では、正式には、国庫支出金または都道府県支出金と呼ばれています。国から自治体(都道府県・市町村など)に出されるのが**国庫支出金**、都道府県から市町村に出されるのが**都道府県支出金**です。特に、国庫支出金は、自治体にとって、地方交付税と並んで自治体の収入のなかで大きな割合を占めている大事な財源です。国と自治体をお金の面でつないでいるのが地方交付税と国庫支出金です。

国庫支出金は、普通に言われる補助金という性格に近いものから自治体の経費を国も分担しあうという性格のものまで、いくつかの種類があります。

◆国にも関係のある事業はワリカンで—国庫負担金

まず、**国庫負担金**です。この対象になる仕事は自治体によって行われはしますが、国家的にも大事な仕事なので、国が経費の一部を負担する義務があるとされているものです。頭割りで同じ額を出し合うというわけではありませんが、その精神は、一種のワリカンと言ってよいでしょう。3種類あります。

まず、**一般行政費国庫負担金**です。**義務教育職員給与費国庫負担金**が典型的なものです。全ての国民が最低限度の教育を受けるよう、小中学校の教育が義務づけられています。市町村は、それができるように小中学校を設ける義務があります。学校を作って運営するにはたいへんなお金がかかります。小学校を1校（1学年3学級、全部で18学級）運営するだけでも、1年間に、教職員の給与が約2億5千万円（教員23人・給食など職員8人分）、その他の経費が約4千万円必要です。市町村の財政状況がどうであってもこの大事な仕事が問題なくこなせるよう、また、内容に格差が生まれないよう、国も応分のお金を負担しているのです。運営費の中で一番お金のかかる先生の給料は都道府県または指定都市が出しますが、このうち3分の1は国が負担します。

　もっとも、国と都道府県が負担しているために、小中学校の学級編成や先生の配置について市町村の自由が制限されていて、地域住民の希望に沿った教育ができないという批判があります。これは義務教育職員給与費国庫負担金ばかりでなく、補助金をもらうからにはどうしても国の基準に縛られるというほかの全ての国庫支出金に共通する悩みです。そういう意味で、国庫支出金には常に利点と欠点が裏腹の形でついてまわります。

　生活保護費国庫負担金もそうです。生活保護はすべての国民が最低限度の生活を営めるよう保障しているもので、全ての市、それ以外の町村の地域では都道府県か町村が行っています。生活保護費の4分の3は国が負担するしくみです。

　そのほか、保育所、高齢者医療、国民健康保険、介護保険、保健所の費用など数多くの身近な行政の経費の一部を国が負担しています。

　次が、**建設事業費国庫負担金**、またの名は**公共事業費国庫負担金**です。いわゆる公共事業は国全体の立場から総合的に計画されることになっています。道路・河川・砂防・海岸・港湾・空港・林道・公営住宅・児童福祉施設などの建設費の一部を国が負担します。小中学校の校舎も対象です。

　建設事業費国庫負担金の元々の性格は、一般行政費国庫負担金と同じ

く国家的に見ても大事な仕事の費用をワリカンにするものですが、実際はずいぶん違っています。一般行政費負担金の方は、義務教育や生活保護で分かるように、実際お金がかかったら負担せざるを得ないので、ワリカンの感じがはっきり出ますが、建設事業費負担金の方は、総枠が限られていますから、どうしても分捕り合戦か、お願いしてもらってくるという感じが強くなってしまうのです。そこに政治家がからむという調子で、結果として、本来の負担金とはだいぶ趣が違ってしまいます。実態として非常に政治的な色合いの濃い補助金です。

　最後が、**災害復旧費等国庫負担金**です。台風や地震など大きな災害が起こったとき、救助活動をしなければならないのはもちろん、落ち着いてからも、被害を元通りにするための復旧事業を一度にドッとやらなければなりません。自治体の手持ちの財源では到底対応できないような事業に対して国が負担します。

◆国からの請負仕事—国庫委託金

　国庫支出金の2番目の種類は、**国庫委託金**です。自治体の仕事のなかには本来国の仕事だけれど、国がわざわざそのために事務所を置いたり人を雇ったりするのはむだなので便宜上自治体がやっているという性格のものがあります。国会議員の選挙、国勢調査、パスポートの発行などです。いわば請負仕事のようなものです。これらの経費は自治体が負担する筋合いのものではないので、全額を国が負担します。

◆新しい施策の呼び水—国庫補助金

　国庫支出金の3番目の種類は、**国庫補助金**です。これは、一番目の国庫負担金と2番目の国庫委託金は、それを支出することが国の義務であるのとは違い、必要に応じて国が任意に支出するものです。内容から見て大きく2つに分かれます。自治体が特定の施策に取り組むのをうながす目的の「奨励的補助金」と、自治体の財政負担を軽くすることを目的とする「財政援助的補助金」です。各省庁が施策を推進しようとする場合に、競ってこの手の補助金を設けようとするので、たいへんな種類や

件数に上ります。信号などの交通安全施設の補助金、農業関係の補助金など歴史の古い補助金のほか、最近では、ＩＴ関連の地域情報化のための補助金、市町村合併のための補助金など、その時その時の課題に取り組むために設けられる新顔の補助金が次々に登場します。

都道府県支出金の内容もこれら国庫支出金と似かよっています。負担金的なもの、委託金的なもの、補助金的なものに分けることができます。

◆国庫支出金の大きさ

これら3種類の国庫支出金をあわせたものが国から自治体に行っている国庫支出金の総額になります（平成30年度予算で約26兆円）。自治体はこれをそれぞれの目的に応じて一般会計又は特別会計で受け入れます（一般会計・特別会計については、84ページを見てください）。図表10から国庫支出金の中身が分かります。どんな目的で出されているのか、また、その性質は上に述べた国庫負担金、国庫委託金、国庫補助金のどれにあてはまるのかを示しています。社会保障関係が全体の約4分の3と圧倒的で、福祉に対する国の責任の大きさを反映しています。3種類

●図表10● 国庫支出金の中身（一般会計及び特別会計、30年度予算）

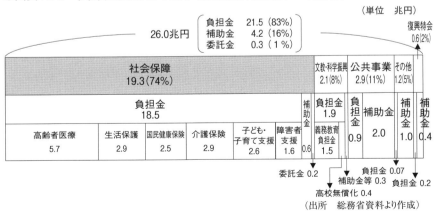

（出所　総務省資料より作成）

の国庫支出金のなかでは国庫負担金が断然多く8割を超えています。

◆どうしても弱いもらう立場

　なぜ国庫支出金があるのか、その説明を聞くといちいちもっともで、自治体にとっては必要な仕事をやる場合の強い味方のように思われます。確かに、国庫支出金は、地方交付税と並んで全国津々浦々まで全国民にとって必要な行政を行き渡らせ、自治体の行政サービスの水準を上げて格差を縮めるのに大きな役割を果たしてきました。しかし、問題があります。

　一番の難点は、自治体の自主性をゆがめることです。**補助待ち**という言葉があります。自治体にとって優先してやるべき仕事でも補助金がつかないという理由で先延ばしにされることです。ひどいときには先延ばしにする言い訳に使われることさえあります。逆に、優先順位は低いけど補助金がつくからやろうかということにもなりがちです。住民からすればとんでもない話ですが、財政運営から言えば当然です。補助金がもらえれば自前の財源が少なくてすむのですから。補助金をもらえる可能性があるのにもらわずに自前の財源だけで賄うのは馬鹿だということになります。補助金をうまいこと使えば、同じ自己財源で何倍もの仕事ができるのですから。

　次に、補助金には条件がつきます。自治体が独自の発想で事業をやろうとしてもその条件にしばられることになります。チエを出したつもりで、2つの省庁から補助金をもらって住民のための施設を作ろうとしたら、それぞれの補助の条件を満たす必要から玄関を2つ作らざるを得なかったという話があります。自治体の自主性をしばることによってムダが生まれた好例です。

　補助金につきものの深刻な難点は、補助金を出す側ともらう側との力関係が生まれることです。お金をもらう側がどうしても弱い立場になってしまうのはどこの世界でも共通しています。意識するとしないとにかかわらず、中央官庁は補助金というニンジンをぶら下げて自治体をコントロールすることになります。これらの補助金が俗に「ひも付き補助

金」といわれる理由です。本来なら対等の立場にあるはずの国と自治体の関係をゆがめる危険をはらんでいるのです。時に報道される補助金にかかわる汚職事件がこのへんの事情をはっきり物語っています。

さらに、補助金をもらう手続きが面倒で、それにかかる手間ひまが自治体の頭痛の種です。申請するための書類作りや説明のための旅費を含めて100万円の補助金をもらうのに50万円かかったという笑うに笑えない話さえあります。

◆創造性を失う自治体職員

補助金に付きまとうこれらの問題の陰にかくれた最大の欠点は、自治体職員が自分の頭でものを考えないようになってしまうことです。その地域にどんな課題があり、住民は何を望んでいるか、それを解決するための自治体の施策・事業はどうあるべきか、それを考え、実施するのが自治体職員の仕事の中心であるはずです。

ところが、補助金は、事業がはじめから中央官庁の発想で組み立てられていて、後は実行するだけというものが多いので、自治体職員が苦しみ悩みながらもその地域にピッタリとあった施策を創り上げるという感じにはならないのです。ちょうどコンビニで売っているインスタント食品のように、それを買ってきて電子レンジでチンすれば出来あがりというのと同じで、本当においしい栄養価の高い料理ができるかどうか疑問です。

そして、一番怖いのは、補助金に頼ってばかりいるうちに自治体職員が知らず知らず自分で考える姿勢と創造性を無くしてしまうことです。

これら補助金の負の側面をできるだけ無くそうとする努力がなされてきました。細かく分かれた補助金をより広い目的のもとにまとめることで使い勝手を良くしたり、自治体がより自由に活用できるよう条件を緩やかにするといったようなことです。例えば、道路、下水道、住宅などの個別の補助金を社会資本整備総合交付金として統合したのがその例です。

4章 財源をやりくりする

◆2 種類の財源

　これまで、地方税からはじまって、地方交付税、補助金と、自治体の主な収入源を見てきました。実際はこれらを一緒くたにして自治体の支出全体を賄うのではなくて、1つ1つの事業ごとに、どんな財源を充てるかを決めて、それらを全部足しあわせたものが自治体の収入と支出になるわけです。

　どんな財源を充てることができるかは、その事業や経費の性質によって違います。

　その場合、一般財源と特定財源という区別が重要です。全ての収入源はこのどちらかに区分けされます。

　一般財源というのは、使いみちが自由でどんな経費にも充てることができる財源を言います。地方税、地方交付税、地方譲与税が一般財源の代表選手です。その他目的が指定されていない寄付金や財産収入などがこれに入ります。

　これに対する**特定財源**は、使いみちが限られている財源です。初めから目的が決まっている国庫補助金や次に説明する地方債が分かりやすい例ですが、使用料・手数料、分担金・負担金などもサービスの見返りとして入ってくるのですから、そのサービスに必要なお金に充てるのが筋というもので、これらも特定財源に分類されます。

　一般財源、特定財源と言ってもお金に色がついているわけではないのですが、それぞれの事業にどんな財源を充てるかは財政運営のイロハです（昔々私がかけだしの頃、このイロハをわきまえず、つい区別なしに議論していたら、課長から「男と女を一緒にするナッ」と、えらく怒られた苦い想い出があります）。

1　自治体が借金するとき―地方債のはなし

> **ここがポイント**
>
> 　ローンが家計の一部になっているように、地方債も自治体財政のやりくりに欠かせない手段です。地方債はやたらに出せません。建設事業に充てる場合など目的が限られます。単に収入が足りないとか赤字になったとかではダメです。もうひとつ、総務大臣または知事と協議しなければなりません。借金がふくれあがらないようにするためです。
> 　ローンと同じで、賢く使えば地方債はとても有効です。

◆地方債も大事な収入

　財源のやりくりにとって欠かせないもう1つの大事な収入があります。それが**地方債**です。地方債は、自治体が借金することによる収入です。借金が収入になるのはおかしいようですが、後で説明しますように、自治体の会計制度は、現金の出入りで整理をする現金会計と言われる方式なので、借金しても、現金が入ってくるという意味で収入として扱われるのです。

　借金ですからいずれは返さなければいけないので、他の収入とは毛色が違っているのですが、それで事業の経費を賄うという点では立派な財源です。

　地方債は、総称です。それぞれの自治体の名称に応じて、市債・町債・村債・県債・府債などと呼ばれます。

　また、地方債によってお金を調達することを「地方債を起こす」または「地方債を発行する」と言い、この手続きを**起債**と呼んでいます。

◆一時の借金、長期の借金

　地方債は、自治体の借金ですが、借り入れる期間が1年を超えるものを言います。同じ借金でも、1年以内のものは、**一時借入金**と呼ばれます。地方税、地方交付税、補助金など自治体の主な収入は入ってくる時

期が決まっていて、必ずしも支出の時期とは見合っていません。暮れのボーナス期など一時にどっと支払うお金が必要なのに手持ちの資金がないときは、金融機関などから一時しのぎのため（いわゆる「資金繰り」）に借金をせざるを得ません。しかし、この場合の借金は、その年度内に収入が入ってきたときに返すことが前提になっています。それに対して1年を超える長期にわたる借金が地方債です。

◆地方債は自治体のローン

　地方債について大事なことは、自治体は地方債以外の収入で必要な経費を賄うのが原則になっていることです（地方財政法5条）。いったん借金してもゆくゆくは返さないといけず、しかも利子をつけなければならない（コストがかかる）から慎重でなければならないのは当然のことです。みなさんの家計でもできたら借金しないのが望ましいのと同じことです。

　でも、借金することが全部悪いとは言えません。むしろ、借金する方が自然であり、賢い場合もあります。家庭の住宅ローンや車のローンのことを考えてみてください。自治体の場合も節度さえわきまえれば、借金も許されるのです。しかし、家計の場合と同じで、いったん始まれば野放図になりがちなのが借金というものです。そこで、国の財政でも自治体財政でも、借金については法律で厳しく制限されています。

　地方債ではその制限が二重になっています。1つは、地方債を出せる目的が限られていることです。2つには、その上で、実際に発行する場合には、あらかじめ総務大臣（市町村の場合は知事）と協議しなければならないという関門を設けていることです。

◆地方債が起こせる場合

　地方債を発行できるのは、次の6つの場合に限られています。

　地方公営企業　　1番目は、交通事業・ガス事業・水道事業・病院事業など地方公営企業に充てる場合です。自治体は市バス・市電などの交通事業や市ガス・町営水道・県営電気などの公益事業を経営しています。

これらを**地方公営企業**と呼んでいます。民間企業のようにその事業の利益で経費を賄うことが原則になっている事業です。これらの事業に必要な設備などに充てるため地方債を出すことが認められているのです。他の一般の行政と違って、将来の利益から返済することが期待できるからです。民間企業が事業のための資金を銀行から借りたり社債を出したりして調達するのと同じです。

　出資金・貸付金　　2番目は、出資金・貸付金に充てる場合です。自治体は必要に応じて、株式会社など（例、空港ビル）に出資したり、中小企業に対して貸付けたりします。出資金からは配当が期待できますし、貸付金は元利が戻ってきます。これらに充てるために地方債を発行しても返す財源が見込まれるのです。

　巨大プロジェクトを公団や公社などと呼ぶ特別な事業体を作って取り組む場合があります。それに対して関係の自治体（多くの場合、都道府県）が出資をする財源に充てるケースが一般的です。本州四国連絡橋公団や関西国際空港株式会社への出資がこの例です。

　地方債の借換え　　3番目は、地方債の借換えのために充てる場合です。自治体がすでに借りている地方債を借り換える場合があります。10年の約束で借りているものを都合で20年に延ばす場合などです。新しく負債を増やすものではありませんので、認められるのです。

　災害対策　　4番目は、災害対策に充てる場合です。災害が起こった時には、災害応急事業・災害復旧事業・災害救助事業など災害対策事業を行いますが、自治体にとっては、予定外の巨額な出費です。おまけに、災害の影響で住民が税金を負担する力が落ちているので減免する必要があるなど、まさにダブルパンチです。そこで、災害対策事業の全額を地方債で充てることが認められています。

　これを返すのに将来入ってくる自治体の税金収入だけで賄うのはたいへんなので、元利償還金（元金と利子を合わせたもの）の95％までは地方交付税の基準財政需要額に折り込まれ、その結果、自治体の純粋な自己負担は5％で足りるしくみになっています。災害対策のための地方債の元利償還にまわす分、他の自治体に配られる交付税が減ることにな

りますが、災害は、災害国日本にとって珍しくないことで、自分のところもいつやられるか知れないので、お互いさまという考え方の表われと言えるでしょう。

中心は建設事業　5番目は、建設事業に充てる場合です。これが最も普通の地方債の使い方です。

自治体は学校・保育所・道路・港湾などの公共施設や庁舎などの公用施設を建設します。これらは多額の費用がかかります。家計と同じで、文化会館などの大きな施設を作る場合、そのために積んであった積立金を取り崩して充てるのが普通ですが、全額をそれで賄うというわけにはいかず、たいていその残りは地方債で賄います。そればかりではありません。これらの施設は、現在の住民ばかりでなく、世代を超えて長く利用されるので、世代の間の負担を公平にするという意味でも、地方債を活用する理由があるのです。

さらに、地域の経済開発のため整備される道路・港湾などの産業基盤への投資に地方債を充てるのは、将来にわたってその施設が使われるということに加えて、経済発展の結果入ってくる税収から返済すればよいという意味合いも含まれています。

特別の場合　6番目は、法律で特に認められている場合です。

1番目から5番目までは、**地方財政法**という地方財政についての基本を定めている法律で、地方債を起こすことができる場合として認められていますが、それ以外にもいろいろな法律で認められる地方債があります。自治体が人員整理を行った場合の退職手当に充てるための「退職手当債」、過疎対策に充てるための「過疎対策債」、地方交付税の不足分を補うための「臨時財政対策債」その他があります。

◆サラ金はダメ

地方債を出すことが認められるのは以上の場合です。大事なことは、お金が足りないから、赤字になりそうだから、借金をするというような、家計で言えばサラ金から借りるみたいなことは認められないことです。ここが国の財政と違うところで、国は自治体と同様、借金できる場

合が限られているのにもかかわらず、特例の法律を作ることによっていわゆる「赤字国債」をいくらでも出せるのとは大きく違うのです。

◆ **地方債の歯止め**

それでは、自治体は、地方債を起こせる場合ならば、無制限に地方債を出せるのでしょうか。そうはいきません。家計でも、あれも欲しいこれもやりたいとローン漬けになれば、破産が待っています。計画的に、無理なく返せる範囲でしか借金はすべきではありません。自治体も同じです。しかし、「分かっちゃいるけど」と無理を承知で住民の要望に応えようとするのが、残念ながら、選挙で選ばれる首長・議員の宿命です。その結果、財政がパンクして困るのも住民です。そうならないために、地方債の発行にはさらに2つの歯止めがついています。

1つめは、上級団体の関与です。戦後地方自治制度ができてからずっと、地方債を起こすには、都道府県・大都市は（旧）自治大臣、市町村は都道府県知事の許可が必要でした。このしくみは、自治体の間に公平に資金を配分する、自治体に節度ある財政運営を促すなどの目的に役立っていましたが、地方債は自治体が自分の判断と責任で起こすのが本来あるべき姿ですので、地方分権改革の一環として、自治体の自主性を高めるために、平成18（2006）年度から許可制に替えて事前協議制にかわりました。

2つめは、赤字がかさんだりして財政運営がいきづまった自治体は地方債を起こすことが制限されます。このような自治体を立て直すしくみが根本的に改められて、平成21年度から実施されています（地方公共団体の財政の健全化に関する法律）。しかし、赤字がかさんだ自治体がさらに借金することを制限するという基本は変わりません。新しいしくみについては後（144ページ）で勉強します。自治体の財政運営については、また後で勉強します。

新しいしくみでは、地方債を起こそうとするときは、上級団体と協議（相談）して同意をもらいますが、同意のない場合でも議会に報告すれば地方債を発行することができます。ただ、赤字団体など財政を建て直

さなければならない自治体については、いままでと同じく許可が必要です。

◆かくれ地方債

いままでの説明は、あくまでも、自治体が正式に地方債という形で発行する借金についてでした。ところが、そういうかっこうではないけれど実質は自治体が借金しているのと同じ性質のものがあります。

地方交付税の総額の決まり方のところ（43ページ）で説明したように、原則で決まっている地方交付税の額では足りないために、特例の措置として足りない分が加えられたものを総額として配分しています。その分は、国の一般会計から出したり、交付税を配るための財布の役割を果たしている交付税特別会計が借り入れたりしたものです。このうち国が負担する分は、国家財政の深刻な財政難のせいで、かなりの部分は国債発行に頼っているのが現状です。

このへんのしくみはとても複雑で分かりにくいのですが、要は、国が借金したものを交付税の一部として自治体が使っているということです。それぞれの自治体が借金する地方債とは形こそ違え、元をたどれば借金という意味でかくれた地方債ということができるでしょう。

正式の地方債は建設事業などに限られていますが、こちらは交付税という形になっていますので、なににでも使えるのです。この点をとらえれば、サラ金から借りて毎日の生活費に充てているのと変わりありません。

国、自治体を通じた国家全体の財政改革という大きなテーマになりますが、今生きている世代が、借金する（公債を発行する）ことで、自分たちが負担するより大きな利益を得ながら、そのツケを将来の世代に回している不公平な図式は限界に来ています。

◆どこから借りるの？

自治体が地方債を発行する場合、貸し手は誰でしょうか。長い間、国が一番の大所でした。政府資金が地方債の半分以上を占める時代が続い

ていました。経済成長が続き日本全体で資金に対する需要が旺盛なため、自治体が必要とするだけの資金を有利な条件で調達することが困難だったのです。そこで、国が郵便貯金や簡易保険の資金など活用して様々な公共的な事業に貸し付ける財政投融資の一環として、自治体向けにも資金を融通してきました。

　ところが、低金利時代に入り、一般金融機関との貸付条件の差が縮まって政府資金のありがたみもそれほどではなくなりました。財政状況も悪化して地方債を引き受ける余裕もなくなりました。さらに、郵便局が民営化されてその関係の資金が政府資金からはずれたこともあって、今では政府資金の割合はグッとさがって地方債資金全体の4割以下になりました。

　替わって比重を増したのが民間資金です。企業や他の自治体と対等な立場で必要なお金を有利な条件で借りるためには、返済能力など個々の自治体の財政の中身が問われることになります。企業と同じように、自治体の格付けがものを言う時代になったのです。

　政府、銀行など民間の金融機関と並んで、地方債の貸し手として重要なのは、地方公共団体金融機構です。地方債資金を共同して調達する機関として全ての都道府県・市区町村が出資して平成20年に設立されました。地方公共団体が必要とする全ての資金を対象としています。

　また、市町村の場合は、都道府県が用意している市町村振興資金といった特別の融資制度も利用できます。

　自治体によっては、住民に関心を持ってもらうため、広く住民を対象に債券を売り出すことによって必要な資金を調達する場合もあります。阪神淡路大震災の復興のために神戸市と兵庫県が発行したのが代表的なものです。最近では住民参加の高まりに応えるような形で**住民参加型市場公募地方債**と呼ばれる額面の小額な買いやすい債券を発行する自治体が増えてきました。

◆借りる条件は？

　期間は10年で、3年据置き、元利均等償還が一般的です。借り入れ

た年度から３年間は利子だけ払い、４年目から元金と期間中の利子を合計したものの一部を毎年度同額払い、最後の年度に残りを返すというやり方です。最後の年度になって財政状態を考えてその分だけ借り替えて（借換え債を発行して）先に延ばす場合もあります。

利率は、政府資金の場合は長期金利の動向から利率が決められ、民間金融機関の場合は借り手と貸し手の間の交渉で決まります。いままでは自治体は信用力があるということで、ほぼ同じような利率でしたが、これからは自治体の財政力や財政運営のやり方を貸し手が評価することによって条件が違ってくるというきざしが出てきています。

２　やりくりの実際

> ここがポイント
>
> 　仕事の性格やその仕事のしくみを決めている法律によって、それをどんな財源で賄うかは違います。一般財源だけで賄う仕事から特定財源だけで賄う仕事まで、賄い方にはいくつかのタイプがあります。
> 　身近な行政サービスをその財源の面から見ることも大切です。

◆賄い方のタイプ

　１つ１つの事業がどうやってやりくりされるかはそれぞれ違います。でも、おおまかにいくつかのタイプに分けられます。１つめは、一般財源だけで賄われるもの。議会の経費、警察・消防の運営費などです。２つめは、一般財源と使用料・手数料などの受益者負担金で賄われるもの。高校・文化会館・下水道の運営費などです。３つめは、一般財源と補助金で賄われるもの。義務教育、生活保護費などです。４つめは、一般財源と地方債（場合によっては、これに補助金）で賄われるもの。ゴミ処理場・市民体育館の建設費などです。５つめは、全く一般財源は使わず特定財源だけで賄われるもの。国勢調査や国政選挙の経費です。

　数ある自治体の事業の中で特に住民に身近ななじみのあるものを選んで、改めて内容を紹介しつつ、どんな財源で賄われているかを見ること

にしましょう。

◆消防は自前が原則

　まず、市町村の本来の仕事と考えられている消防を見てみましょう（46ページの図表8参照）。それだけに消防士や救急隊員などほとんどの経費は一般財源で賄われます。また、消防自動車・救急車などの高額な設備に充てるために地方債を発行するのが普通です。

　消防は、元々は市町村の仕事ですが、救急業務の比重が増えてきたのに伴って、市町村の範囲を越えて広域で運営する方が効率的だということで、全国的にいくつかの市町村が一緒になって一部事務組合として**広域消防組合**を組織しています。それを構成する市町村は組合に対して負担金を払うことになります。

　特異な例は、東京消防庁です。全国でただ1つ都道府県が消防の現場を担当しています。23区をはじめ都下の市町村のほとんど（1市と島嶼部を除く）、人口にして約1,360万人を管轄しています。職員が約1万8,000人にも上る世界最大の消防本部です。

◆小中学校─先生の給料は国と都道府県持ち

　次が小中学校です。義務教育ということで国（文部科学省）が基本の枠組を作り、それを受けて都道府県教育委員会→市町村教育委員会という路線で行われています。他の行政にはないしくみと財源手当が特徴です。

　まず、人件費です。市町村の予算を見てびっくりすることと思います。教育費の8割方を占めるはずの先生の人件費が影も形もないのですから。実は、市町村立にもかかわらず、小中学校の教職員の大半、先生はもちろん事務職員や栄養職員に至るまで、その給与は市町村ではなく、都道府県が負担しているのです。市町村は用務員や給食従事員といったそれ以外の職員の給与を払うだけです。都道府県が給与を負担する教職員の採用や任命もまた都道府県が行います。

　さらに、都道府県が負担する給与の3分の1は、国が持ちます。日本

のどこでも義務教育に関しては国と自治体が共同責任を取ることで最低の水準を保障するという目的で大正7(1918)年に始まった制度が今でも続いているのです。戦後できた新制中学校が義務教育になるとともにこの制度の対象になり、日本の教育の基礎固めに大きく貢献してきました。

校舎の整備についても手厚い財源の手当てがあります。例えば、公立小中学校を新築・増築する場合は、その費用の半分を国が負担し、残りの分に充てられた地方債の元利償還金の70％が地方交付税に上乗せされることで、市町村が実際に負担するのは、費用全体の20％に過ぎません。地震に備えるための改築については、市町村負担はさらに少なくなります。

その他の学校運営のための経費には一般財源が充てられます。プールの管理費、学校図書館の図書購入費、教材費など様々です。

◆保育所—子育ては親と社会の共同責任

保育所は、元々は、児童福祉行政の一分野として、「保育に欠ける」乳児や幼児を保育する施設として出発しました。この法律（児童福祉法）の表現が示すように、女性は家庭を守るものと考えられていた時代には、ごく例外の場合という感じが強かったのです。

ところが、女性の社会への進出が進み、労働力の40％以上を女性が占めるようになると保育所の存在がいままでとは違った意味で脚光を浴びるようになりました。それに、少子化時代に入り、その対策として子育てへの社会的な支援が求められるようになると、保育所はその中心としてますます重要になってきました。法律もその実情にあわせ、親が働いている場合には保育の対象となるように改正されました。現在、保育所は親に代わって児童を保育する本来の役割ばかりか、近所の子育て中のお母さんの相談にのったり、家庭で保育されている児童の遊び場にもなっています。

保育所での保育は、市町村の仕事とされています。私立の保育所は、市町村から委託されるという形で保育を行います。保育の費用は、全て市町村が負担しますが（私立は国1/2、都道府県1/4、市町村1/4）、そ

の一部を**保育料**として保護者から徴収します。子育ては、親と社会の共同責任という考えの表われです。

保育所の施設の整備についても運営費と同じように国と都道府県が負担します。

増え続ける保育の需要に応えるため、市町村がテコ入れして、私立の保育所が増え、現在では、公立と私立の割合は半々にまでなりました。それでも、特に大都市ではいわゆる「待機児童」の解消にはかなり遠い実態です。

◆高齢者福祉サービス—親の面倒見の社会化

保育所が子育ての社会化なら、高齢者介護は親の面倒見の社会化と言えます。平均寿命がますます延び、全てのひとがいずれは介護を受けたり介護をしたりするようになる可能性が高くなりました。寿命が尽きるまでの間に、3人に1人は半年以上寝たきりになり、2人に1人は寝たり起きたりの生活を送るという統計もあります。かたや少子化、男女共同参画などが進んで今までのように家庭のなかで介護するのはますます難しくなってきました。

高齢者の介護サービスはこれからますます必要になります。住民に身近な市町村の仕事としてまさにピッタリのサービスと言えるでしょう。

財政の上から、高齢者のための福祉サービスは2種類に分かれます。1つは、介護保険の対象となるもの、もう1つは、介護保険の対象とならないもの、です。

老いをみんなで支える**介護保険制度**は、介護サービスの体制をできるだけ早く作ることをねらって、高齢者の介護はお互いさまだから助け合いの精神で行きましょうと平成12（2000）年度からはじまりました。

まず、介護保険は、高齢者介護のための支出に保険料その他の収入を充てるしくみですから、自治体の他の仕事とは分けて会計を処理します。**介護保険特別会計**です。

介護保険の対象になるサービスは法律で決まっています。

介護のためのサービスは、大きく2種類に分かれます。「居宅サービ

ス」と「施設サービス」です。

介護はできるだけ家で　介護が必要になった高齢者等ができるだけ自宅で生活ができるように介護サービスの手を差し伸べるのが介護保険の精神ですので、**居宅サービス**には様々な種類のものが用意されています。次の３つがその三本柱と言われています。

◆ホームヘルプ・サービス（訪問介護）

　自分の力だけでは毎日の生活を送ることが難しくなったお年寄りの家を訪問して、介護や掃除・洗濯・買い物・炊事などの家事のサービスを提供します。

◆デイ・サービス（通所介護）

　週１～２日、介護の必要な高齢者が専用バスでそのための施設に通って、日帰りで入浴・食事・健康診断・機能訓練・レクレーションなどを行います。

◆ショート・ステイ（短期入所生活介護）

　いつもは家で介護を受けている高齢者を施設で何日間か預かるサービスです。家族が行事や旅行などで一時的に介護ができなくなった時のためのものです。

　この他在宅サービスには福祉用具を買うお金の支給、住宅改修費の支給などのメニューがそろっています。

施設はもう１つの家　居宅サービスが整っていても、住宅事情や介護する家族の人手の問題、それに介護に専門性を要する場合など、在宅での介護が難しい場合があります。そこで、**施設サービス**も欠かせません。

　施設は、お年寄りの状態にあわせて３種類あります。

◆特別養護老人ホーム（介護老人福祉施設）

　寝たきりや高度の認知症などで一日中介護が必要な高齢者が暮らす施設です。言ってみれば、そんな高齢者のもう１つの家です。

◆老人保健施設（介護老人保健施設）

　高齢者が、在宅復帰を目指してリハビリテーションを受けるための施設です。食事や入浴などのサービスも受けます。特別養護老人ホームと

病院の中間の性格を持ちます。
◆介護療養型医療施設
　療養が必要な高齢者のための施設で、一般の病院とは違って長期療養ができるのが特徴です。病状は安定しているけど医療や看護が必要というお年寄りが対象です。
　サービスを選べる　介護保険制度が提供するサービスを公平に満足して受けられるようにするために２つのしくみがあります。
　１つは、対象になる高齢者に介護が必要か、必要だとすればどんな内容の介護が必要かを決める要介護認定のしくみです。担当者の訪問調査から始まって介護認定審査会での審査まで公正な手続きがあります。
　２つは、介護が必要と認定された高齢者が、決められている限度の中でどんなサービスを要求するか、そのサービスを誰に頼むかは本人の自由に任されていることです。
　いままでの介護サービスは、自分では選べませんでした。市町村が一方的にサービスの内容もどこからサービスを受けるかも決めていたのです。以前の制度と比べて、サービスを受けるひとが選べるようになったのが介護保険の大きな特徴です。これによって介護サービスを提供しようとする民間業者やNPO法人や様々な主体が名乗りを上げて介護ビジネスに加わっています。これからの自治体の行政サービスのあり方を考える上でも介護保険は貴重な実験となるでしょう。
　保険料と税金で半分ずつ　さて、介護保険のしくみを長々と説明してきましたが、やっと本題の財源手当てに入ります。
　介護保険のサービスにかかる費用の１割はサービスを受けるひとが負担し（利用者負担）、残り９割は介護保険から出ます。
　その９割分を賄うための収入は図表11のとおりです。簡単に言えば、半分は保険料、半分は税金です。
　保険料を払うのは、40歳以上の全ての国民です。全てのひとが加わることを前提としている強制保険ですから、保険料を払うのは義務です。
　保険料部分（全体の50％）のうち22％を65歳以上のひと（第１号被保険者）、28％を40歳以上65歳未満のひと（第２号被保険者）が払いま

す。

　税金部分は、国が25％（うち、5％は調整交付金）、都道府県と市町村がそれぞれ12.5％です。

　国と都道府県の分は、介護保険という仕事を国、都道府県、市町村が一緒に協力してワリカンで行うという意味で、負担金に当たります（56ページを見てください）。

　市町村の分は、一般会計から繰出金〔（款）民生費（項）社会福祉費（目）介護保険事業費（節）繰出金〕として支出され、介護保険特別会計の歳入に一般会計繰入金として受け入れることになります。

　調整交付金は、市町村によって保険料があまり違わないようにするためのものです。例えば、他と比べて75歳以上のお年寄りが多い市町村では介護の必要も高くなるので保険料も高くなってしまうといった場合にならすわけです。

　住民に直接関係があり、関心も高いのが保険料です。住んでいる市町村によって、また、本人の所得で違います。介護サービスの量が多い市町村ほど保険料は高くなります。保険制度の性質上仕方がないのです

●図表11●　介護保険を支えるいろいろな財源

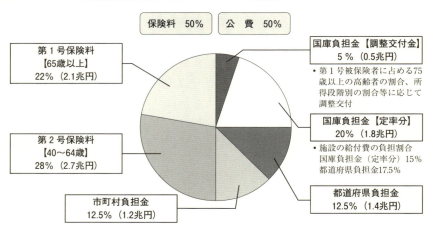

※数値は端数処理をしているため、合計が一致しない場合がある。
（28年度予算（案）介護給付費：9.6兆円　総費用ベース：10.4兆円）

が、サービスと保険料の兼合いは悩ましいところです。

介護保険以外の高齢者福祉サービス　以上が介護保険ですが、国が制度を作っているのである程度全国一律のしくみになっているのはやむを得ません。市町村によってはさらに独自のサービスを提供するところがあってよいのです。介護保険の基準以上のサービス（上乗せサービス）や介護保険のメニューにないサービス（横出しサービス）の提供です。それを介護保険制度の中で行うことはできるのですが、独自のサービスですから、国や都道府県の負担金は出ませんので、それにかかる費用は保険料を引上げることで賄う以外ありません。

そこで、多くの市町村では保険料を上げることを嫌って、介護保険特別会計から切り離して、一般会計の中で独自のサービスを提供しています。食事を配達するサービス、外出を助けるサービスなど様々です。これらのサービスは他の多くの行政サービスと同じく一般財源で賄われます。

◆大きな公共施設を作る

文化会館とか市民体育館など大きなお金がいる施設を作るときには共通したやり方があります。

まず、資金計画を立てます。75％程度を地方債で賄い、国や都道府県の補助金があてにできるならその額を見込みます。残りが一般財源です。

1つの年度でその事業のためだけにその年度に入ってくる一般財源をたくさん使うことはできませんので、あらかじめそのための基金を積み立てます。例えば、市民体育館建設基金といった基金を設けます。ちょうど、家庭で家を買う場合、頭金にするために自己資金を積み立てるのと似ています。

財政の状況を見ながら、基金を取り崩してその年度に使える一般財源と一緒にして建設にかかることになります。

民膏民脂

　爾俸爾禄　なんじの俸、なんじの禄は
　民膏民脂　民の膏、民の脂なり
　下民易虐　下民は虐げやすく
　上天難欺　上天は欺き難し

　福島県二本松市の二本松城址に今も残る「戒石銘」です。城主丹羽高寛が登城口の巨石に刻ませた政治を行う者に対する戒めの言葉は、時代を超えて現代の政治家・公務員にとっても生きています。
　いまの時代の言葉に直せばこんなところでしょうか。
　政治家や公務員の方々よ、あなた方の俸給は、国民が汗水たらして働いたかせぎのなかからやっとのことで納めた税金なんだよ。いいかげんなことをやって国民を苦しめるのは簡単かもしれないが、有権者をだましおおせることは絶対できないよ。

5章　予算の手ほどき

1　予算ってなに？

> **ここがポイント**
>
> 　予算書には、自治体に関する情報がいっぱいつまっています。予算は自治体の1年間の政策であり、活動計画であり、それに必要なお金の裏づけです。予算は、議会を通じて住民が首長を、首長が自治体組織をコントロールする手段でもあります。
> 　広報紙やホームページなどいろいろな形で予算の内容が住民に伝えられています。それらに目を通すことから自治体を知る一歩が始まります。

◆予算は情報の宝庫

　いままでのところではもっぱら自治体財政を支えている収入について勉強してきました。収入は、あくまでも、支出を賄うためのものです。どんな支出があり、それにどんな収入が充てられるか、それが自治体財政の生きた現実の姿です。それを形にしたものが自治体の予算です。予算が実行された結果が決算です。

　自治体財政を勉強するのに一番良い教材は、みなさんの住んでいる自治体の予算と決算です。予算と決算から、財政ばかりか、みなさんのまちの行政の状況や方向、問題点などが見えてきます。予算と決算は、自治体に関する情報の宝庫です。情報公開制度が普及したおかげで、請求しさえすれば自治体のほとんどの情報が手に入るようになりました。でも、手間をかけて情報を得ようとする前に、手近にある情報を活用することから出発すべきでしょう。誰でも見られるのが予算と決算です。

◆まず資料を手に入れる

　まず、予算に関する資料を手に入れましょう。自治体は予算の概要を公表しなければなりません（地方自治法219条2項）。普通は、各自治体で月に2回とか定期的に発行している広報紙に載ります。自治体によっては、別により詳しいパンフレットを出しているところもあります。最近は、各自治体ともなんらかの形でホームページに載せるようになりました。それでもほとんどが概要で予算の細かい中身までは分かりませんので、ぜひ一度、予算書そのものを見られることをお勧めします。電話帳のような部厚いものなので、一般に配布はしていませんが、市役所や公民館・図書館など公共の場に行けば必ず置いてあります。議員さんから借りるのもよいでしょう。

◆予算ってなに？

　「予算がない」とか「ご予算はおいくらくらい？」とか、しょっちゅう聞く言葉ですが、予算とは一体なんでしょうか。辞書を引けば、「一定の目的のために計画を立てた費用。『忘年会の予算』。」（岩波国語辞典）などと出ています。自治体の予算ももちろんその一種ですが、自治体ならではの特別な意味を持っています。

　まず、自治体の予算は、自治体の活動そのものです。なにをするにもお金がいります。自治体が使うお金は全て予算に上げる（計上する）ことになっています。だから予算は自治体の活動を金銭面で表わしたものだと言うことができます。

　自治体の予算は自治体の政策そのものです。家庭で立てる予算も含め、およそ予算というものの大前提は、1つには、使えるお金には限りがあるということ、2つめは、その使いみちには優先順位がある、ということです。首長がやりたいと思っている事業や住民の要望はいくらでもあります。そのなかでなにを取り上げるか、これが政策を決定するということです。なされた選択が結果として予算の形を取るのです。自治体の向こう1年間の政策をお金で表現したもの、これが予算の本質です。

◆予算の働き

　首長のコントロール　　自治体の予算は住民を代表して議会が首長をコントロールするための大事な手段です。首長は行政の責任者として圧倒的な権限を持っています。だけど、住民は選挙でその首長を選んだからと言って、決して、全てをオマカセしたのではありません。常に住民の意向を反映させる行政が行われることが期待されています。予算があっての行政です。首長は、毎年度、予算を議会で承認してもらわない限りなにもできないのです。予算の審議を通じて行政の施策に住民の意向を反映させること、どんな政策を優先的に取り上げるべきかを大いに議論すること、これが議会の一番大切な仕事です（それを議会が実際やっているかどうか、は別の問題ですが）。

　自治体組織のコントロール　　自治体の予算は、組織としての自治体の活動を円滑に進めるための手段としても重要な意味があります。首長は、予算編成を通じてリーダーシップを発揮し、自分の政策や考え方を予算案に反映することによって自治体組織をコントロールできます（リーダーシップのもう1つの手段は、もちろん、人事です）。首長の公約が実現できるかどうかはどんな予算を組むかにかかっています。予算の執行を管理することによって仕事を早めるようにうながしたり、仕事が順調に進んでいるかどうかチェックすることもできます。

　予算を見れば自治体が分かる　　予算を見れば、その自治体が分かるのです。ちょうど、家計簿を見れば、その家庭が分かるのと一緒です。暮らし振り、問題・悩み、暮らし向きから生き方に至るまで家計簿から読み取れます。自治体の予算も全く同じことです。自治体の姿がはっきりと分かる文書としてこれ以上のものはありません。情報公開も大事ですが、現に公開されていて目の前にあるものを活用することからはじめましょう。

　そのためには、予算の読み方を心得ていることが必要です。予算は、自治体を知るための地図のようなものです。地図があっても読めなければ役に立ちません。身近な自治体でも行政・政治の世界はなかなか複雑です。正しい道を見つけ、できたら明るい展望を持ちたいものです。予

算という自治体を理解する手引きを読めるようになること、それはあなたのまちの未来への道を探る第一歩です。

2　予算のルール

> **ここがポイント**
>
> 　予算のルールは、単なる決まりではなく、自治体の活動と職員の意識にまで大きく影響します。4月から翌年3月までの1つの会計年度のなかだけで物事を考えがちで、その上にすべての行動や行事が組み立てられます。
> 　また現金主義による官庁会計のやり方が経営という視点を持って仕事をすることを難しくしています。

◆**会計年度はものごとの区切り**

　予算そのものを勉強する前に予算を通じて適用されるルールを見ておきましょう。

　まず、**会計年度**です。

　会計上の整理をするために区切られている期間が会計年度です。予算は、会計年度を単位として作られます。民間企業の場合、会計年度は、1年や半年、始まりも1月、4月、10月などそれぞれの便宜に合わせてまちまちですが、自治体は、国と同じく、4月1日から翌年の3月31日の1年間です（地方自治法208条1項）。

　会計年度が1年間であることで、どうしてもそのなかで物事を見ようとし、決着しようとする傾向が出てきてしまうのは否定できないところです。1年を区切りとするのは短すぎるので2年にすべきだという主張もあります。現に、アメリカの自治体でそうしているところもあります。しかし、1年でも2年でも1つの単位を決めれば、必ず、その期間では収まらない事業が出てくるので、便宜上1年を区切りとするが、視野はそれにとらわれないように長い目で見るというのが妥当なところでしょう。

　また、自治体の予算は国の予算に左右される面が強いので、国と自治

体の会計年度は違う方が便利だという主張があることをご紹介しておきます。

次に、**会計年度独立の原則**です。

その会計年度の歳出（支出）は、同じ年度の歳入（収入）で賄わなければならないという原則です（地方自治法208条2項）。歳出と歳入は1つの年度の中で決着をつけようというのです。会計年度を設けるからには当然と言えます。次の年度に入ってくる収入をあてにして支出したり、当年度の歳出を翌年度に持ち越して支出することはできません。

ただし、後で説明しますように、この原則には例外があります。

その次が、**総計予算主義の原則**です。

1つの会計年度に生じる収入や経費の支出は、全て予算に載せるという原則です（地方自治法210条）。これによって自治体の活動の全てを予算によってつかむことが可能になります。自治体の仕事は、住民が納めた税金を使って、住民に行政サービスを提供することですから、その基礎となる収入と支出を全部明らかにすることは、有権者に対する義務と言えます。情報公開の出発点がここにあります。

住民が自治体に要望し「予算が無い」という返事がかえってきたとき、不満に思いがちですが、予算に載っていなければ何もできないのは本当なのです。（もっとも、やる気がない、と言うかわりに予算が無いと言ってお茶を濁すのは、残念ながら、一部の自治体職員の得意技かもしれませんが。）

事前議決の原則も会計年度が決まっていることから来る原則です。

その年度がはじまるまでに予算が議会によって議決されていなければなりません（地方自治法211条1項）。**当初予算**と言われる1年度分の収入と支出を盛り込んだ予算案は、その前の年度の2月か3月に開かれる定例議会に提出されます。もし、何か問題があって新年度がはじまるまでに議決されないときは、4月1日からの自治体の活動は全て止まってしまうことになります。このような事態を避けるために、そうなった場合は本予算が議決されるまでの間に必要になる経費を賄うための当座の予算（**暫定予算**と言います）を作ってとりあえず議決してもらってお

いて、その範囲でしばらくの間支出をしてしのぎます。

◆一般会計と特別会計
　自治体の会計は、大きく、**一般会計**と**特別会計**の2種類に分けられます。
　自治体の活動がいっぺんに分かるためには、全ての収入と支出とを1つの予算に表わすことができたらよいのかもしれません。でも、自治体は性格の違う様々な仕事をしているので、仕事の種類ごとに会計処理をする方が合理的で分かりやすいのです。
　一般会計は、特別会計で処理されるもの以外の全ての自治体の仕事を経理するための会計です。**特別会計**は、そのサービスの提供から得られる料金などの対価によって支出を賄う場合、一般会計とは別に経理するものです。水道・バス・病院などの地方公営企業と呼ばれる自治体が経営する企業は全て特別会計によって経理されます。それ以外たいていどこの市町村でも行っているものとして、**国民健康保険特別会計**は、自営業者や退職者などが入っている国民健康保険事業を経理します。**後期高齢者医療特別会計**は、75歳以上のお年寄りの医療費を国民健康保険事業とは別個に経理するためのものです。**介護保険特別会計**は、高齢者のために介護サービスを提供するための介護保険事業を経理します。そのほか水道事業特別会計、下水道事業特別会計などがあります。そのほか自治体によってこの種の事業をやっていればそのための特別会計が設けられています。墓地、火葬場、市場、変わったところでは、動物園、渡し船などを経理する様々な特別会計があります。

◆官庁会計は現金主義
　会計の処理のやり方は、会社・病院・学校・NPOなどでそれぞれ違っています。組織の特徴に応じて財務の状態を最もよく示すと考えられている会計方式を採用しているのです。自治体の場合、自治体独自の方式が決められています。国の方式に似通っているので、合わせて**官庁会計**と呼ばれます。
　自治体会計の基本は、**現金主義**です。会計は、収入と支出を整理する

ことからはじまりますが、現金の出入りの時点で整理するやり方です。小遣い帳や家計簿と同じです。これに対して、損益の発生の時点で整理するやり方を**発生主義**と言います。例えば、税金について言えば、発生主義では課税した時点で収入があったとして整理しますが、現金主義では実際に納められた時点で整理されます。工事の代金では、発生主義では契約を結んだ時点で支出があったとして整理しますが、現金主義では実際に口座振り替えや小切手の振り出しなど支出手続きをした時点で整理されます。

　現代のように現金取引より信用取引の方が一般的になりますと、現金収支は財務の実態を反映しません。そこで、民間企業ほか世の中のたいていの組織では発生主義に基づき複式簿記を使って経理を行っているのが普通です。

　自治体の仕事でも地方公営企業については発生主義に基づいた処理が行われています。企業の一種なので、民間企業に近い会計処理をして、財務の実態を正確に反映させるためです。

◆現金主義を補う

　現金主義の会計処理方式は、なんと言っても、誰にでも分かりやすいという長所があります。また、自治体は民間企業のように複雑な債権債務関係があまりないので、現金主義によってもその財務の実態は一応とらえられるのです。ただ、欠点もあります。借金である地方債が収入に上げられるのはその最たるものでしょう。ほかにも現金の出入りだけではとらえられない部分やそれだけでは表わせない面もあります。

　そこで、予算書や決算書と一緒に作られるいくつかの資料で現金主義だけに頼ることからくる欠陥を補っています。将来にわたる債務の内容を説明した調書（継続費に関する調書、債務負担行為に関する調書、地方債に関する調書）や、決算の書類である財産に関する調書がそれです。

◆バランスシートの試み

　それでも、現金主義の会計制度では自治体財政の全貌を知るのには限

●図表12● バランスシートで全てが分かる

貸借対照表
(平成29年3月31日現在)

自治体名：臼杵市　会計：一般会計等　　　　　　　　　　　　　　　　　　　　(単位：千円)

科目名	金額	科目名	金額
【資産の部】		【負債の部】	
固定資産	93,397,368	固定負債	25,981,735
有形固定資産	87,232,296	地方債	22,959,571
事業用資産	29,563,760	長期未払金	—
土地	11,538,784	退職手当引当金	3,020,594
立木竹	1,151,126	損失補償等引当金	1,570
建物	39,699,872	その他	—
建物減価償却累計額	−25,032,738	流動負債	3,021,405
工作物	2,956,111	1年内償還予定地方債	2,786,083
工作物減価償却累計額	−879,860	未払金	—
（略）		未払費用	—
建設仮勘定	130,466	前受金	—
インフラ資産	55,637,148	前受収益	—
土地	3,239,577	賞与等引当金	176,655
建物	4,126,315	預り金	58,668
建物減価償却累計額	−2,859,999	その他	—
工作物	131,159,056	負債合計	29,003,141
工作物減価償却累計額	−80,098,665	【純資産の部】	
（略）		固定資産等形成分	97,513,653
建設仮勘定	70,865	余剰分（不足分）	−28,352,662
物品	4,228,176		
物品減価償却累計額	−2,196,788		
無形固定資産	448,227		
ソフトウェア	444,290		
その他	3,937		
投資その他の資産	5,716,845		
投資及び出資金	345,792		
有価証券	1,513		
出資金	344,279		
（略）			
長期延滞債権	224,593		
長期貸付金	48,967		
基金	5,124,566		
減債基金	—		
その他	5,124,566		
その他	—		
徴収不能引当金	−27,073		
流動資産	4,766,763		
現金預金	546,699		
未収金	113,423		
短期貸付金	7,660		
基金	4,108,624		
財政調整基金	3,411,739		
減債基金	696,885		
棚卸資産	—		
その他	—		
徴収不能引当金	−9,644	純資産合計	69,160,990
資産合計	98,164,131	負債及び純資産合計	98,164,131

界があります。例えば、近い将来、定年退職者が増えるのに応じて退職手当（いわゆる退職金）が急増することになっているとしても、その状況は分かりません。また、学校、福祉施設、道路など公共施設はまずまず整っているとしても、その維持修繕や建替えなどメンテナンス費用がいくらかかるのか、また、それをどうやって生み出すのか分かりません。企業会計のような減価償却のしくみが存在しないからです。

　一方、民間企業については、さらに財務内容を公にすることが進みました。財務の状況をありのまま表に出すことで初めて社会的な責任を果たすことができるという考え方が一般的になってきたからです。その結果、会社法が改正され企業が作成を義務づけられる財務諸表の種類が追加されました。この流れが国の政府にも及び、説明責任を向上させる狙いから、省庁別に、貸借対照表、収支計算書などの財務書類が作られるようになりました。

　一部の自治体でも、現金主義会計の限界を感じて、より的確に財政の姿をとらえようとする努力が続けられ、**貸借対照表（バランスシート）**などが作られてきました。

　これらの試みは、住民に対してまちの財布の姿をより正確に示すことが直接の目的ですが、それと同時に、自治体が財政状況をよりはっきりつかみ、将来を見通すとともに、しっかりとした財政運営をしていく資料としても大きな意味があります。全国に先駆けて貸借対照表（バランスシート）を作った大分県臼杵市は、「霧深い海を航海する時、確かな羅針盤が必要となります。自治体にとって、その羅針盤こそがバランスシートと考えます。」というまさにそのものずばりの説明をしています。

　このような、昔ながらの官庁会計を補いいわゆる複式簿記に基づいた企業会計に近づける試みが続けられてきました。この**地方公会計**と呼ばれている新しい会計方式については、総務省が示した統一的な基準に基づいて、ほとんどの自治体が作成するまでになりました。自治体財政の状況が一般企業並みによりはっきりと分かるようになってきたのです。その例として、図表12に、統一的な基準に基づいた臼杵市の貸借対照表を示してあります。

ただ、いくら地方公会計を整備しても、自治体の目的や活動は、元々、民間企業とは違うのですから、必ずしもそれだけで自治体の財政運営が適切かどうか判断できるとは限りません。それに、企業会計に近づくほど財務に関する専門的な知識も必要になります。やはり、現金主義を基本にした今までの会計処理や予算・決算になじむことからはじめることが自治体財政を理解する本道です。

3　予算のかたち

ここがポイント

> おなじみの、収入と支出を並べたもの（歳入歳出予算）だけが予算ではありません。単年度予算の限界を補うための継続費など、現金主義の欠点をカバーするための債務負担行為などをセットにしたものが予算です。
> 　法律で決められている書類だけではよく分からないので、自治体がそれぞれ工夫して作っている説明資料を見る必要があります。

◆予算のなかみ

　いよいよ予算の内容に入ることにします。まず、大切なことは、予算の形は法律で決まっているということです。予算というと普通、収入と支出が対比されたものが思い浮かぶでしょうが、それだけが予算ではないのです。自治体の予算は、次の7つの項目から構成されています。

　①歳入歳出予算
　②継続費
　③繰越明許費（くりこしめいきょひ）
　④債務負担行為
　⑤地方債
　⑥一時借入金
　⑦歳出予算の各項の経費の金額の流用

◆予算の本体、歳入歳出予算

歳入歳出予算は、言ってみれば、予算の本体です。歳入（その年度の収入見込み）と歳出（その年度の支出予定）の総額と内訳を示しています。それぞれたくさんの項目がありますので、分類方法が決められています。昔ながらの呼び名で、**款**、**項**、**目**、**節**と言っています。

まず大分類の**款**に分かれ、そのなかで中分類の**項**に分かれ、そのなかが小分類の**目**、さらにそのなかが**節**という細分類に分かれています。一番大きな分類項目の款ごとに項・目・節が入れ子のようになっているわけです。図表13は、市町村の歳入の「市町村税」、歳出の「民生費」の例を示してあります。

例えば、市の歳入ですと、その年度に課税する個人市民税は、（款）市税（項）市民税（目）個人（節）現年課税分のところに記されます。歳出ですと、保育所の経費は、（款）民生費（項）児童福祉費（目）児童福祉施設費のところに上がります。そして、経費の種類によって、遊具の購入なら（節）備品購入費に、昼食の材料費なら（節）需用費、に分かれて計上されます。歳出予算では、款・項・目によって、自治体が行う事業の目的別に整理し、さらに節によって、給料・旅費・需用費・工事請負費・備品購入費など経費の性質を明らかにしていることになります。

このように、予算は款・項・目・節に整理されますが、歳入歳出予算には、このうち款と項だけを示せばよいことになっています。目と節は、後で出てくる予算に関する説明書の1つの「歳入歳出予算の事項別説明書」で示されます。

◆何年もかかる事業には継続費

継続費は、1会計年度を越える期間が必要な事業を行う場合に使われます。歳出予算は、その会計年度1年間だけの支出を計上するものなので、1年間以上かかる事業の場合は、この原則どおりだと毎年度予算を組むことになり、面倒なだけではなく計画性が失われる恐れがあります。そこで、あらかじめ全体の事業費の総額とそのうち毎年度支出する

●図表13● 歳入歳出予算の分類の例

<市町村の歳入（市町村税）>

款	項	目
1 市（町村）税		
	1 市（町村）民税	
		1 個　　　　人
		2 法　　　　人
	2 固定資産税	
		1 固定資産税
		2 国有資産等所在市町村交付金
	3 軽自動車税	
		1 環境性能割
		2 種　別　割
	4 市町村たばこ税	
		1 市町村たばこ税
	5 鉱産税	
		1 鉱　産　税
	6 特別土地保有税	
		1 特別土地保有税
	7 入湯税	
		1 入　湯　税
	8 事業所税	
		1 事業所税
	9 都市計画税	
		1 都市計画税
	10 水利地益税	
		1 水利地益税
	11 共同施設税	
		1 共同施設税
	12 何　　税	
		1 何　　　　税
	13 旧法による税	
		1 何　　　　税

<市町村の歳出（民生費）>

款	項	目
3 民　生　費		
	1 社会福祉費	
		1 社会福祉総務費
		2 社会福祉施設費
	2 児童福祉費	
		1 児童福祉総務費
		2 児童措置費
		3 母子福祉費
		4 児童福祉施設費
	3 生活保護費	
		1 生活保護総務費
		2 扶　助　費
		3 生活保護施設費
	4 災害救助費	
		1 災害救助費

予定の額（年割額）を予算のなかで決めておく、これが継続費です。コンサートホール、ゴミ焼却場といった大きなお金と年月を必要とする事業が対象です。大きな事業は進み具合がいろいろな事情ではじめの見込みとは違ってくるのが普通ですが、継続費として決めておけば、その年度に使いきらなかった年割額は、翌年度に繰り越して使うことができることになっていて、事情が変わっても弾力的に対応できます。

繰越明許費は、歳出予算に上げたけれど、年度中に支出を終わらない見込みのものについてあらかじめ翌年度に繰り越して使えるように予算で決めておくものです。よくあるのは、道路とか公共施設を作る予算を取ったけれど、用地買収に手間取ったとか地元関係者との調整が難航している場合です。また、大雪など異常気象によって作業をはじめるのが遅くなった場合もあります。

◆将来の義務を負う場合

債務負担行為は、歳出予算、継続費、繰越明許費を実行する以外に自治体が債務を負う行為を行うことになる場合、その項目と期間と限度額について議会の議決を得ておかなければならないものです。歳出予算、継続費、繰越明許費を実行するには物を買ったり工事を発注したりする債務を負う行為を行うことが前提になっているわけですが、それ以外に債務を負う場合にも予算のなかで決めておかなければなりません。いったん債務を負ったら自治体としてそれを履行する義務を負うことになり、将来の予算を縛ることになるのですから、慎重でなければなりません。

あらゆる種類の債務がこれに当てはまります。よくあるのは、支出は翌年度になるけど工事の発注は今年度にやっておくというたぐいのものです。国の景気対策の一環で、年度後半になって公共事業の補助金が追加された場合などこのような方法が取られるのが普通です。また、土地開発公社などの自治体の外郭団体が金融機関から融資を受ける際、金融機関に対して、将来返済が不能となった場合、金融機関が被る損失を自治体が補償する場合（損失補償）などがあります。債務負担行為には、大きく分けて、工事の発注のように将来確実に支出を伴うことがはっきりしている場合と、損失補償のように確実にそうなるとは限らないがその可能性がある場合との2種類あります。

◆借金に2種類

地方債は、年度を越える自治体の借金です。地方債を財源とする事業

の名前と地方債を起こす限度額のほか利率など発行条件を定めます。

一時借入金は、年度を越えない、いわゆる資金繰りのための借金です。予算で借り入れの最高限度額を定めておいて、税金などが入ってくる間の収入の端境期に必要になる資金に充てるために金融機関から融通してもらいます。

◆予算に弾力性を

歳出予算の各項の経費の金額の流用は、歳出予算に弾力性を持たせる余地をあらかじめ作っておこうというものです。歳出予算は、さきほど見たように、款項目節という分類基準に基づいてきちんと決まっています。しかし、これをあまりに厳格に貫こうとすると、年度の途中で事情が変わって内容を変えようとする場合、いちいち補正予算を組まなくてはいけません。それは無理です。そこで、余りそうな項目から足りない項目に移し変えて支出することで、ある程度柔軟に対応できるようにしてあるのです。これを「流用」と言っています。それもあまり自由にできるようならば歳出予算を議決した意味がなくなってしまいます。そこで、原則としては、違う款の間と、同じ款のなかでも違う項の間では流用できないことにして、その例外として、同じ款のなかの項の間での流用について特に予算で定めた場合だけできるようにしているのです。普通は、職員の給料、手当て、共済費を挙げています。

以上が予算の内容です。これがセットで議会に提案されます。

◆説明資料も一緒に

ただ、これだけでは予算を審議するのに不十分なので、説明資料として、**予算に関する説明書**を一緒に提出することになっています。①歳入歳出予算の事項別明細書、②給与費明細書、③継続費に関する調書、④債務負担行為に関する調書、⑤地方債に関する調書、⑥その他必要な書類、の6種類です。

歳入歳出予算の事項別明細書は、歳入歳出予算が款項だけだったのを補うもので、目節までの金額と前年度との比較、財源内訳、必要な説明

などより詳しい内容からなっています。

その他の書類は自治体の工夫次第　歳入歳出予算の事項別明細書から地方債に関する調書までは、様式が決まっていて全国共通ですが、⑥のその他必要な書類は、各自治体がそれぞれ工夫して作っているので個性が表われています。予算書そのものでは分かりにくいので、それにさらに解説や独自の分析を加えたりして、議会での予算審議に役立てる目的で作っているものです。主な事業・補助金・負担金などの一覧、人件費・物件費・維持補修費・建設事業費・公債費など歳出を性質別に輪切りにした資料、地方税に関する詳しい資料などがあります。

料理の材料しか載っていない予算書　そのなかでどの自治体でも用意している一番大事な資料は、主な事業の一覧表です。自治体によって「主要事業一覧表」、「〇年度の主な事業」などと呼ばれています。なぜこれが重要かと言うと、歳出予算を見ても事業の中身はさっぱり分からないからです。予算には自治体の翌年度の事業が全て盛り込まれているのですが、予算書には事業名は出てきません。

　事業は、その目的によって款・項・目に分類され、さらに経費の性質によって節に分解されて歳出予算に載っています。例えば、（款）土木費（項）道路橋梁費（目）道路新設改良費、そして（節）のところでは、「委託料」、「使用料及び賃借料」、「工事請負費」、「公有財産購入費」、「負担金、補助及び交付金」、「補償、補填及び賠償金」という調子です。まるで、元の事業が解剖されて目にするのはその部分である骨と皮のようです。解剖された部分をいくらつなぎ合わせても、その事業がどんなものなのか見当もつきません。夕食の買い物にスーパーに行って買ってきたひき肉とかジャガイモとか人参などの材料を見ても、それがどんな献立になるのか作る人本人以外にはなかなか分からないというのと似ています。

　住民にとって関心があるのは、例えば、市道がどこに何メートル新しく整備されるかという具体的なことですが、予算書には全く出てきません。そこで、その献立に当たる具体的な事業の内容を説明した資料が必要になるのです。そこには、市道整備事業（〇号線、〇号線、……）な

ど事業名とその内容が簡単に記されています。情報公開が進んでいる自治体では、事業の内容を詳しく説明した住民向けの資料を作って配っているところもあります。

4 予算は巡る

> **ここがポイント**
>
> 　予算編成は自治体の仕事のうちで大変な時間とエネルギーを使う最大の行事です。住民の意見の吸収、各部課での検討、国や都道府県との折衝、政策作り、議会審議などあらゆる活動が集中して行われる自治体挙げての作業です。
> 　翌年度の予算を作るための準備が前の年にはじまってから、予算案ができて議会に提出して予算が成立し、それを執行し、決算を作り、議会で認定されて、やっと1つの予算が完結します。予算の一生は約3年度にまたがっていることになります。

◆予算ができるまで

　予算が作られる順序を見ましょう。その作業の手順や時期は自治体によって少しずつ違っています。共通しているのは、予算が議会で議決され、当初予算として成立する期限が前の年度の3月末ということで、それを目指して全ての作業手順が組まれます。流れとしては、①各部局課で翌年度の事業を検討し、予算要求の内容を決める時期、②各部局課からの予算要求を受けて予算担当部局課で内容を検討し、首長と協議し、予算の原案を作る時期、③議会で予算案を審議し、議決する時期、の3つに大きく分けられます。

　みなさんは、**概算要求**という言葉を聞かれたことがあるかもしれません。国の予算編成作業の1つで、各省庁から翌年度の予算要求を予算編成を担当する財務省（昔の大蔵省）に提出することで、毎年8月末と決まっています。この概算要求と同じように、自治体でも各部局課が翌年度に計画する事業を行うための予算を要求する資料を予算担当の局部課に提出する手続きがあります。その前提として、翌年度どんな事業を行

うか、どういう考え方で予算を組むか、について基本となる方針が決まっていなければなりません。翌年度の政策や事業をどうするかを首長を中心として協議・決定する場が持たれたり、いままで行ってきた政策・事業を見直す作業が行われたり、自治体によって様々なやり方や慣習があります。各部局課からの予算要求に先立って、その指針となる**予算編成方針**が示されるのが普通です。要求額の上限をどのくらいにするか（例、今年度に比べて何％増、今年度並）、経常経費をどうするか（例、今年度より何％減）などの細かい基準が示されます。

　住民の声も　予算要求の内容を検討する材料とするために住民団体、自治会、福祉団体、労働団体などの関係者の意見を聴く場が設けられることもあります。そのような公式の機会でなくとも、関係者が翌年度の予算に対して要望してくるのが普通です。予算は向こう１年間の政策です。住民のために存在する自治体が翌年度の政策を決めるのに住民の意向を反映することは当然です。だから、このような予算への要望を聴く機会を持つことは大事なことです。その際、広く公平に住民の意見を聴かないと、せっかくの公聴の機会が利害関係者という声高な一部住民の要求を通すだけの結果に終わってしまうことにもなりかねません。

　予算編成は大作業　各部局課からの予算要求が提出されるのは、これも自治体によってまちまちですが、10月から12月の間と考えてよいでしょう。それを受けて、予算担当局部課が予算の原案を作る作業をはじめます。まず、手始めに各局部課から予算担当課の担当者が要求の内容について説明を聞きます（ヒアリング）。それから後は内容についてどの程度政策判断が必要とされるかによって、中身を段階的に固めていきます。予算担当課長、予算担当部長、そして、首長という３段階を経るのが標準的でしょう。予算を作るのは首長の仕事です（地方自治法149条２号）。教育委員会（学校）や公安委員会（警察）など首長からは独立して仕事をするところがありますが、その予算要求は首長が担当する部局と同じように首長に対して行います。最終的に予算案の全ての内容は首長によって決定されます。その手続きのことを、普通、**予算査定**（例、市長査定、知事査定など）と呼んでいます。これが終わるの

が、通常２月で、これを３月の定例議会に予算案として提出します。

　予算を作るのは自治体挙げての大作業です。予算担当の職員は毎晩遅くまでカンヅメになるのはいずこも同じ風景です。しかし、そういう上っ面のことよりも、予算編成作業は自治体職員にとって自分の仕事や自治体のあり方について真剣に考える貴重な機会なのです。財政の担当者は、見込まれる収入にはとうてい収まらない各部課からの予算要求をどうにかして削ろうとします。要求側は、自分たちの計画した事業がいかに必要なものであるか説得しようとします。双方の熱い議論が果てしなく続く場面が珍しくありません。このような場を通じて自治体職員はより深く考え、鍛えられるのです。

　予算作りは、自治体職員の大事なOJT（現場研修）の機会です。

◆事情の変化は補正予算で

　以上は、**当初予算**と呼ばれる翌年度を通ずる予算ですが、年度の途中になってはっきりした事情の変化や新しい事態に対応するために当初予算に変更を加える予算が組まれます。これが**補正予算**で、必要に応じて何度でも組むことができます。国会と違って、地方議会は、通常年４回、３月、６月、９月、12月に定例会が開かれます。年度が進むにつれて財政を取り巻く事情も変化しますので、これを予算に反映させるために補正予算が組まれます。なかでも一番大きな補正予算は、９月定例会に出されるもので、年度の半ばに至り、当初予算で見込んでいた収入に変動があったり、見通しがよりはっきりしてくるのに応じて、支出の内容にも変更を加えます。普通地方交付税や国庫補助金の額が決まってくるのもこの時期です。

　支出についても、台風など災害があったり、大雪で除雪経費がかさんだり、公務員の給与改定があったり、年度途中で予算を補正しなければならない要素は結構多いのです。

　年間を通じる当初予算を新年度に先だって編成するのが原則ですが、これが難しい場合があります。首長の選挙が目前に迫っているので、政策的な判断を必要とする経費を予算に盛り込むのが難しいときなどで

す。その場合には、誰が首長になっても必要な決まりきった経費だけを計上した予算を組みます。この暫定の予算を俗に**骨格予算**と称しています。新しい首長が決まった段階で改めてその政策を盛り込んだ本格的な予算（肉付け予算）を作るので、この場合は、新年度がはじまってから本予算が決まることになります。

◆予算の一生

　当初予算案が議会を通れば、年度も終わりに近づきます。新年度が始まるとともに新しい予算の執行がはじまります。年度が進行するにつれて歳入の見通しがよりはっきりしてきますし、予定していた事業を変更せざるを得ないような事情も生まれてくるかもしれません。そこで当初予算を修正するため補正予算を組むことになります。何回か補正予算が組まれることになるでしょう。その締めくくりとして、年度末を控えた3月の議会では、歳入歳出の最終的な姿が見えてきますので、できるだけそれに近づけるために最後の補正予算が組まれます。

　こうして1つの年度が終わります。予算の執行は会計年度独立の原則（83ページ）により年度の最終日の3月31日までに済ませなければなりません。しかし、工事・物品の購入など契約相手方の行為が年度末ギリギリになって終わったときなどは代金の支払いはそれからになってしまいます。毎度おなじみの年度末ギリギリの道路工事などです。歳入でも納期から遅れて4月1日以降になってから入ってくる税金などがあります。このように、現金の出入りがどうしても年度を越えてしまう場合があるので、それを整理する期間を設けています。それもあまり長くとるわけにはいきませんので、5月31日に前の年度の予算に関する全ての現金の出し入れを締め切る（出納閉鎖）ことにしています。4月1日から5月31日までを**出納整理期間**と呼んでいます。

　決算は予算のなれの果て　　予算の執行の結果が確定したら、次はその結果をまとめる**決算**の作業がはじまります。予算と決算と名前は違いますが、予算が執行された結果が決算ですから、水が氷になるように、その本質は同じと考えてよいのです。決算を作る担当者は、会計管理者

（市町村の収入役・都道府県の出納長という役職は廃止されました。）です。出納閉鎖から3ヶ月以内、8月31日までに作り上げ、関係書類と一緒に首長に提出します。首長はこれを監査委員にチェック（審査）してもらってから、その意見書を付けて議会に出し、議会が認定するという順序をたどります。議会による決算の認定は、早くて9月定例会、普通は12月定例会で行われます。

　議会にかけられるという点では同じでも、予算の議決と決算の認定とはその意義が全く違います。予算は議会の議決がないと予算として成立しません。これに対して決算は、議会で認定されなくても決算の効力がなくなるわけではありません。仮に、この支出がおかしいじゃないか、というような理由で議会が認定しなくても、首長を攻撃する政治的な火種となるだけです。予算を執行した結果のまとめが決算です。済んでしまったことは否定してもせんないことです。決算についてはそれを認定すべきかどうかということよりも、これから勉強するように、決算を通じて、予算執行の成果とかわがまちの財政状況とか、ありのままの自治体の姿をつかむ材料と考えるべきでしょう。

　予算は巡る　決算の認定を最後に、広い意味での予算の一生は終わりを迎えます。思えば、各部課で翌年度の事業を検討しはじめたのが前年度の夏くらいですから、予算編成作業、議会審議を経て、予算が成立し、その予算を執行し、そして、決算が認定されるまで、3年度にまたがっています。そればかりではありません。新年度に入り新しい予算の執行が始まるそのそばから次の年度の予算要求の検討がはじまるのです。この時期には前年度の決算を作る作業も同時進行します。

　このようにして、1つの年度の予算がいろいろな時期を経ながら決算認定までたどりつくとともに、同じ時期にその年度の予算の執行、翌年度の予算編成作業、前年度の決算という3つの年度の予算に関連する作業が同時並行して進みます。予算は重なり合いながら回り続けるのです。まるで人の一生のように。

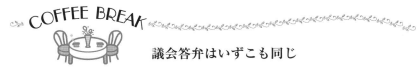

議会答弁はいずこも同じ

　せっかく議会の傍聴に行ったのにピントはずれの質問やわざとピントをはずした答弁のやり取りでさっぱり面白くなかったというのはよく聞くはなしです。

　確かに、言質を与えまいとするあまり、「善処します」「検討します」という類の分かったような分からないような答えが多いのも事実です。

　これはどうも万国共通のようです。英国の権威ある経済紙「フィナンシャル・タイムズ」による「英国官庁用語の手引き」をご紹介しましょう。

　左は答弁、右はそのホンネです。

「もう少し議論させて下さい」→それを進めるには反対がいっぱいある。

「非常に興味深い」→あなたの議論はうわべだけでなっていない。

「慎重に検討する必要がある」→何もするつもりはない。

「情勢が良くなるまで待たなければならない」→あなたが生きている間は良くならないでしょう。

「あなたの決定は賢明かどうか」→全くのバカ。

6章 予算を読んでみよう

1 歳入のカンドコロ

> **ここがポイント**
>
> どんな事業をやるのかと歳出には血まなこになるのに、歳入の方はさっぱり注目されません。財源の多くが国から来ているからといって、あなた任せでは、自治体や住民は自治体財政の主人公になることはできません。せめてここに挙げたカンドコロだけでも押さえましょう。

◆議会で取り上げられない歳入

　手元に資料がそろったところで、いよいよ予算の中身に入りましょう。まずは、歳入予算からです。

　収入があっての支出です。それだけ大切な歳入なのに、議会の予算審議で歳入の内容まで議論されることは、歳出に比べてずっと少ないと言っていいでしょう。もっとも、歳入の総額には関心があるので、わがまちの財政状況はどうかといった一般的な質問はままあるとしても、1つ1つの歳入についての問題意識ははなはだ乏しいのが現状です。これは、自治体の財政があなた任せで通るようなしくみになっているという制度上の問題でもありますが、その制度が現実にどう働いているか、その表われ方は自治体によって当然違うので、自分たちの自治体の特徴をつかむためにも、収入を増加させるみちを見つけるためにも十分な分析が必要です。

　例えば、国の減税政策の一環で、個人住民税が減税されることがあります。それによってうちのまちにはどれだけの影響があるのか、減った分はどうやって、また、どれだけ補てんされるのか、翌年度以降はどうなっていくのか。固定資産税は、3年ごとに評価替えがあります。評価替えによってうちのまちの土地、建物はどうなったのか、上がったのか

下がったのか、ほかのまちと比べてどうか。

　このような制度上の変化でなくても、高齢化や不況が個人住民税収入にどういう影響を与えているか、といった社会環境との関係を見るのも大事です。

　このように、歳入の内容にはいくらでも検討すべき問題が含まれています。住民に代わってこれらを明らかにするのが議会の役割のはずです。

◆歳入の構造を見る

　まず、歳入の構造を眺めましょう。歳入予算に並んでいる（款）の市（町村）税、地方譲与税、地方交付税など、そしてその内訳の（項）の市（町村）民税、固定資産税などについて、総額とそれらが歳入全体の中でどのくらいの比重を占めているかを見ましょう。予算の資料に歳入内訳を％で示したものがあるはずです。

　次に、前年度の予算と比べてどう違うのかを見ましょう。増えたのか減ったのか、どの程度か。他の項目に比べて大きく増えたり減ったりしていれば、なにか特別な原因があるに違いありません。

◆入るを量（はか）る

　全ての歳入を通じて押さえなければならないのは、それぞれの見込み額とその根拠です。自治体財政は、家計と同じで、入ってくる収入の中でやりくりをしていかなければなりません。それを**量入制出（入（い）るを量（はか）って出（いず）るを制する）**と言っています。歳入予算は、どれだけ正確に見積もることができるかが勝負です。財政担当者は、様々な資料やデータを基にして、歳入を見込みます。いままでの傾向、最近の伸び率、国の制度改正、総務省や都道府県から提供された情報などを基にして見込みを立て、歳入に載せます。安全に固く見込むのが鉄則ですが、それでも間違うかもしれませんし、年度がはじまってから経済情勢の変化などによって事情が変わってくる可能性も考えなければなりません。年度中の補正予算に使う財源を取っておいたり、また、翌年度以降の財政運営に

問題がないように財源を残しておかなければなりません。というような様々な配慮をする必要があるので、見込んだ全額を当初予算にそのまま吐き出すことはしません。歳入予算がどんな考えで組まれたかをせめて議会の予算審議のなかで明らかにしたいものです。

◆税収の割合は

歳入の構造をざっとつかんだところで、1つ1つの項目（款・項）の検討に入ります。

まず、市（町村）税です。歳入の構造は、あなたのまちの経済構造や産業の状態を映し出す鏡です。なかでも税収は、住民の経済活動や状況をそのまま反映しています。税収の総額はどのくらいでしょうか、歳入全体に占める割合は何％でしょうか。市町村によって驚くほどの違いがあります。その割合は、最高80％近くから最低1％台まで広くまたがっています。この割合が多いほど他のまちに比べて豊かだと言えます。

歳入全体に占める地方税の割合が一番多い70～60％台のグループに入る自治体は、関西国際空港（大阪府田尻町）、大企業立地（群馬県大泉町）、リゾート地（神奈川県箱根町）などの大規模施設から入る法人住民税・固定資産税のおかげを被っている市町村がほとんどです。反対に、地方税の割合が一番少ない1～2％のグループは、離島（鹿児島県十島村、沖縄県多良間村、東京都御蔵島村）などの過疎地です。

都道府県も税収が歳入に占める割合には大きな差があります。最高の東京都の75％、神奈川県62％、愛知県56％、埼玉県50％、千葉県48％などの大所から、最低の島根県16％、高知県17％、鳥取県18％までの広がりがあります（平成28（2016）年度）。

◆住民税のポイント

住民税では、個人住民税と法人住民税の割合が重要です。市町村の場合、全国平均では、これが3.5対1くらいですが、その地域の経済活動の状況によって法人住民税の割合は千差万別です。大都市近郊のベッドタウンでは、個人の割合がぐっと大きくなり、個人対法人が10対1く

らいにまで下がります。このようなまちではサラリーマンの退職者がどんどん増えて、高齢化してきています。もちろん所得も減るわけで、結果として、個人住民税は年々減り、グラフで表わせば右肩下がりにならざるを得ません。このような長期的な傾向を見ることも必要です。

　個人住民税で注意しなければならないのは、納めていない住民がかなりの数に上っていることです。日本は、長い間ある程度の所得以下の住民には住民税所得割をかけないという政策をとってきたからです。その結果として、課税最低限（課税される最低限の所得）が上がり、今や仕事をしているひと（就業者）のうち5人に1人までが住民税所得割を納めていません。みなさんのまちでは住民税所得割を納めているひとがどれくらいいるでしょうか。まちが用意している予算の資料に出ているはずです。

　さらに、自治体の会費という性格のある住民税均等割も一定の所得を下回っていれば課税されません。その結果、住民でありながら住民税を全く納めていない住民がかなりいるのです。

　ついでに、自治体の統計書などで所得階層と納税額の関係を調べてみるといいでしょう。納税義務者の所得上位10％足らずで所得割の総額の半分以上を納めているという状況は珍しくありません。住民がみんなで税金を出し合って共通経費に充てていくという地方税のあり方に照らして、このような状態でいいものかどうか、こういう結果を招いた税制は正しいのかどうか、みんなで考えるべきテーマです。「税を払わない国民にとっては、国家（政治家）はそこから便益（お金やサービス）を一方的に引き出す甘えの対象でしかない」とある経済学者は言っています。

◆固定資産税のポイント

　固定資産税では、課税対象の土地、家屋、償却資産の割合がどうなっているか見ましょう。全国平均では、おおまかに言って、固定資産税全体の税額のうち土地と家屋がそれぞれ40％くらい、残りの20％が償却資産です。地価の高い都市になると断然土地の割合が大きくなります。

大きな工場や発電所・ダムなどの施設があるまちでは償却資産からの固定資産税が大きくなっています。自治体にとってはありがたいことですが、良い点ばかりではありません。償却資産は、読んで字の如く、年々減価償却するため急激に目減りしていきます。原子力発電所などができたばかりのころは、それこそ使い切れないくらいの固定資産税が入ってきて超豪華なホールを作ったり、福祉に大盤振舞をしたのはよいが、間もなく減価償却でドンドン税収が減ってきたせいで、そのツケが回ってきてピーピー言っているといった例がまま見られます。自治体財政は長い目で見て切り盛りしなければいけないという永遠の教訓がここでも生きています。

　固定資産は、3年ごとに評価換えされます。評価換えのあった翌年度は、その結果が固定資産税の税額に表われます。特に、土地の評価は、その自治体に対する経済上の格付けという意味合いもあります。固定資産税が順調に伸びているかどうかは、将来の経済状況を占う1つの要素になります。

◆地方交付税の見込みは固く

　地方交付税の見込みは、数ある歳入のなかでも財政担当者を一番悩ませるものの1つです。地方税と1、2を争う額の大きさに加えて、8月にならないと正確な額が決まらず、予算編成の時期には粗っぽい見込みで済ますしかないからです。総務省から内々示される、ある程度の目途となる伸び率を参考にして見込みを立てるのが普通のやり方です。

　注意しなければいけない点が2つあります。1つは、基準財政収入額の見込み方です。地方交付税の額は、基準財政需要額と基準財政収入額との差額（44ページを見てください）です。基準財政需要額の方は、総務省から示された伸び率を使うとしても、基準財政収入額の方は、自治体によって事情が様々で、大きな企業があるところなどでは売上げの変動などその企業の特殊な事情によって全体の税収が左右されますから、要注意です。

　2つめは、特別交付税です。これは、災害が起きて予定外の出費が

あったときなど特別な事情を考慮して交付されるのですから、前の年度の額を出発点とするのは危険です。

いずれにせよ地方交付税は、固く見積もるのが筋です。自治体のなかには、当初予算を作るとき財源が足りないと地方交付税をふくらませてつじつまを合わせるような細工をするところがありますが、もちろんこれは邪道というものです。

◆地方債の目的は

地方債は、どんな目的で借りるのか事業の内容を見ましょう。公共事業をはじめ大きな建設事業はほとんどが地方債を財源の一部としますので、地方債の一覧を見れば、その年度の主な事業が分かります。

地方債については、現債高、言いかえれば、いままで借りた地方債で返していない分がどれだけ溜まっているかが重要です。予算資料のなかですぐ分かります。この数字から住民1人当たりの借金の額がすぐ計算できます。その大きさに改めてびっくりすることでしょう。

◆財政調整基金の使い方

繰入金のなかで**財政調整基金繰入金**は、その自治体の財政運営の基本姿勢を見るのに格好の材料です。**財政調整基金**は、なんにでも使える貯金と考えていいでしょう。年度によって歳入に波がありますし、災害でもあれば臨時の出費を覚悟しなければなりません。それに備えるためにある程度の貯金は持っていなければなりません。家計と全く同じです。ただし、この貯金を財政運営の上でどう利用するかについては、自治体によりいろいろな流儀があります。財政調整基金を潤沢に持っている自治体では、年度中の歳入の一種の調整弁にしているところがあります。当初予算の段階では歳入を固めに固めに見込んでおいて、財政調整基金を崩してとりあえず足りない分に充てておく、そして、歳入がはっきりしてきて固めに見込んだ当初の額よりも上回ることが分かった年度末の補正予算で結果としてあまった財政調整基金を元に戻す、という操作をするのです。

このような自治体はとても楽な財政運営ができることになりますが、逆にどうしても財源が足りないので、いままで貯めた財政調整基金を吐き出さざるを得ない自治体もあります。こういうところは、ただ基金を食いつぶしていくことになるので、よほど歳出をカットしない限り、赤字団体へ一直線ということになりかねません。

　財政調整基金が繰り入れられることになっているか、また、その額はどのくらいか、これがチェックすべき大事なポイントです。

2　歳出の急所、11のポイント

> **ここがポイント**
> 　部厚い予算書をめくりめくり数限りなくある自治体の事業をチェックするのは大変を通り越してむなしい作業ですし、自治体が作った説明資料をひっくり返しても問題点まで見抜くのは容易なことではありません。ここはひとつ、急所をつかむ作戦でいきましょう。

◆歳出予算の枝(えだ)ぶり

　まず、一番に注目しなければいけないのは、歳出予算の規模と前の年度との比較です。前年度の当初予算からの伸び率を見れば、予算を作った姿勢が分かります。積極的に事業をやる構えか、新しい大きな事業を始めるのか、慎重にするのか、切り詰めようとしているのか。伸び率は、歳出予算の中身を調べるのに先立って予算の性格をつかむヒントを与えてくれます。当初予算案が発表される頃には新聞に地域の各自治体の予算規模が載りますので、他の自治体と伸び率を比べることもできます。

　歳出の構造にも注意しましょう。総務費、民生費、教育費、土木費など目的別の予算の比重は、自治体によって相当なバラツキがあって、建設事業に熱心なまち、福祉に力を入れているまちなど、その特色を表わしています。また、各項目の前年度比からは、どこを重点に予算を組んだか見当がつきます。自治体の予算を一本の木と見れば、その構造は、

枝ぶりと言っていいでしょう。建設事業が突出している赤松のようにたくましい予算、きめ細かな福祉事業が目立つ梅の木のようなたおやかな予算、自治体の予算はまるで植物園のように多彩です。

◆ここがポイント

　いよいよ予算の本丸、歳出予算の中身です。まるで電話帳のように部厚くてたくさんの項目が並んでいる歳出予算の要点をつかまえるには、どこに注目するかというそのポイントを押さえることです。
　ここに挙げてある11のポイントは、いずれもそのつもりになってよく見ないと、ただ資料に目を通して数字を追いかけただけでは見逃してしまうものばかりです。

◆ポイントその1　言っていることとやっていることの一致度

　政治家としての首長は、口約束も含めていろいろな約束をしています。選挙のときの公約はその最たるものです。議会での答弁、各種団体との交渉のときの見解、住民との集会での説明、ありとあらゆる場を通じて示される首長の約束を実現するためには、ほとんどの場合、その経費を賄うための歳出予算が必要です。
　首長の約束が予算で具体化されているかどうか、どういう形でか、額はどれだけか、などをチェックしましょう。最初の選挙のときに掲げた公約に全く手を付けず、次の選挙のときにはそれを実現するために引き続き立候補しましたと言い回るような有権者を馬鹿にした厚かましい政治家がいまだに存在しています。言うこととやることが違うことが政治不信の大きな原因です。
　この点をはっきりさせるのが議会の役割のはずですが、約束を守らないのはお互いさま、武士の情けとばかりにもの分かりが良すぎる議員さんの多いのが現実です。
　あらゆる職種、あらゆる職場で結果が問われる時代になりました。特に、政治家の責任は「結果責任」だと言われます。目標があっての結果です。首長は行政の最高責任者なのですから、やると表明したことをど

れだけやったかを首長の採点簿としたいものです。

　選挙のさい、立候補者が当選したらなにをどうするつもりなのかが分からなければ、誰に入れるかを判断する手立てがありません。いままでの自治体選挙では、候補者は、おしなべて「福祉の充実」だのなんだの美しい言葉を並べるだけで、具体的にどうするのかふれようとしませんでした。投票する方は、いたしかたなく、誰かに頼まれたからとか、ポスターの顔の感じが良いからとか、選挙の本質とは関係の無い理由で選んでいたのが実情です。

　この状況を改め、選挙を具体的な政策を巡る争いに持っていこうというねらいから、「マニフェスト選挙」と呼ばれるやり方を採る動きが次第に広まってきました。内容は、様々ですが、政策をできるだけ具体的に打ち出し、できれば目標の数値、その財源、達成時期まではっきりさせようとするものです。

　過去の選挙の時、「マニフェスト」が示されていたら、それがどれだけ実行されようとしているかを予算のうえでチェックすべきです。

◆ポイントその2　プランプランしていないか

　どうも日本では役所も企業も計画を作ることには熱心だが、作ったらそれで満足してしまって、実現には関心が薄いようです。これを「プランプランしている」と表現した経営学者がいました。特に、お役所は計画が実現するかどうかにかかわらずツブレッコないし、担当者が責任も問われないということで、この傾向がひどいようです。

　ためしにあなたのまちにはどんな計画があるか調べてみるとよいでしょう。すべての行政分野についてむこう10年から15年の期間で行う事業を方向付けた長期総合計画は、ほとんど全ての自治体が持っています。個別の計画となればおそらく山ほどあるでしょう。やれ生涯学習計画、やれ高齢者福祉計画、やれ障害者福祉計画、緑の計画、行政改革推進計画、農業振興計画、医療保健計画、環境保全計画などなど。列挙するだけでヤレヤレです。

　もちろん、行政は計画的に進めていかなければなりません。計画は必

要です。しかし、計画は実施をコントロールし、結果を評価するところに意義があるのです。作ることが目的であってはなりません。

　計画実施の手段は予算です。予算自体がむこう1年間の実施計画です。様々な計画を実施するための事業が予算に出てきているかどうか、それに沿った予算になっているか、確認しましょう。

◆ポイントその3　メニューを眺めよう

　どんな事業が行われるのか、もちろん、これがみんなの最大の関心事です。だけど、前に説明したように（92〜93ページ）、自治体の公式の予算書を見ても事業名は出てきません。別に自治体が用意している事業の一覧を見る必要があります。そのごく一部が広報紙にも載りますし、進んだ自治体では、事業を中心にした住民向けの解説をインターネットに載せたり、パンフレットを作ったりしているところがあります。

　事業ごとの予算を見る場合に注意しなければいけないのは、事業費のなかには職員の人件費は入っていないことです。1人の自治体職員はいろいろな仕事を担当しているので、ある事業の人件費がどれだけかを計算するのはなかなか難しいことではあります。しかし、事業をやるにはひとが必要です。少なくともこの当然なことを忘れないようにして事業費を見てください。

　歳出予算が事業別になっていないのは今の予算書の最大の欠陥と言ってよいでしょう。一番肝心なことが表に出ていないのですから。これを補うために自治体が工夫して事業中心の資料を作っているのですが、まだまだ不十分です。現在作られているのは、せいぜい組織別です。総務部の主な事業はこれこれ、民生部はこれこれ、土木部はこれこれ、と言った調子です。2つ以上の部が関係する事業はそれぞれの部に分けざるを得ません。「市民まつり」の事業費は、商工部にも農務部にも総務部にも出てくるのです。

　多くの自治体で、行政の結果を評価する行政評価という仕組みが導入されていますが、それをやるためには、事業別の予算が前提になります。そうでないと、ある事業のために使った予算とその成果とを有効に

比べることができません。

◆ポイントその4　今日(こんにち)の課題への取り組み

　ポイントその3の続きです。事業一覧が組織別にしか作られていないために、いま焦点となっている課題に取り組むために自治体全体としてどんな事業が計画されているかすぐには分かりません。いろいろな部課がそれぞれに取り組んでいるからです。例えば、現代の最も重要な課題の1つである高齢者福祉では、介護保険関連の事業は、一般会計ではなく、介護保険特別会計に上がっています。一般会計でも、総務部では、介護保険システム設計委託、民生部では、老人福祉センター運営経費、老人クラブ補助金、民生委員活動費など、保健衛生部では、後期高齢者健康診査費、教育委員会では、ゲートボール場借り上げ料のように、いろいろな組織にまたがっているため、全ての予算から拾い出してこないことには高齢者福祉対策関係予算の全体像は明らかになりません。

　いま特に関心の高い環境保全でも子育てでも、関係予算が各部に散らばっている点では同じことです。このように現在問題になっているテーマに自治体がどう取り組んでいるかを予算を通して知ろうとしてもすぐには分かりません。関係する事業を拾い出してまとめる手間が必要です。こういう作業は事業の中身が十分に分かっていないとできません。予算を政策の目的別に見るためにも予算担当者が整理をして公表すべきでしょう。

◆ポイントその5　大物に注意

　パーキンソンの法則　　予算には大小様々な事業が上がっています。金額でも数千円の会議費から何百億円に及ぶような橋りょう建設費までその幅たるやとてつもなく広いのです。ところが、議会での審議となると、とかく巨額なものはそれに値するだけの十分な時間をかけないことになりがちです。いわく、「審議に要する時間は、その項目の額に反比例する」これはパーキンソンの法則の1つです。パーキンソンというイギリスの経営学者が、ユーモアと皮肉たっぷりに、お役所に見られる珍

妙な現象を「パーキンソンの法則」と題して発表したのです。

　審議にかける時間は、その金額が少なければ多くかかり、多ければ少しで済むという意味ですが、なかなかうがった見方です。例えば、250万円の職員駐車場の整備費と250億円の下水道整備費があるとします。駐車場は誰にでも分かりますから、金額の大小から整備のやり方に至るまで意見がいろいろ出るでしょう。職員のマイカー通勤の是非を巡って大議論になるかもしれません。ところが、下水道に関しては、技術的なことも含めてさっぱりイメージが湧きません。ましてやその事業費が適切かどうかは行政側にお任せになりがちです。本当は、下水道は地域の水循環や河川、緑地に大きな影響を与えますし、巨額な投資が将来まちの財政にどれだけ重荷になるかという問題も検討しておかなければなりません。ところが、そこまでの問題意識も知識も持ちあわせていない場合には（こういう場合の方がむしろ多いのですが）、「長期計画に載っている既定の方針だ」くらいでほとんど審議らしい審議もしないでスッと通ってしまいます。

　システム開発費はお手上げ　特に、最近しょっちゅうどこでも見かける大物は、情報システム関連の開発費です。小は、数百万から大は数億円単位まで様々です。額が適切かどうか判断するのは当事者を除けばまず無理というものでしょう。システムはいったん導入してしまえば具合が悪いことが分かっても簡単には後戻りができません。手直しのお金がさらにかかります。最初手がけた業者に後々まで引っ張られがちです。これからますます事務の電算化が進むことは間違いありません。そのためのシステムをどうするか、その開発経費をどうはじき出すか、どこに発注するか、自治体の大きな課題です。少なくとも議会は問題意識を持って、そのへんの問題をはっきりさせるだけの審議はすべきです。

　いずれにしても、金額が多ければ問題も多いと心得て十分な検討を加えるべきです。

◆**ポイントその6　長期事業に注意** ──────────

　ポイントその5の延長です。公共事業のムダが問題になっています。

港湾・地方空港や農地整備、ダムなど巨大な公共事業が結局はなんの役にも立っていないといった類の話は珍しくありません。そのツケはもちろん住民に回ってくるのです。

　何年もかかる大きな事業は、はじめるに先立って、投資額に対して経済効果はどうか、採算は成り立つかなど費用対効果を検討し、十分見通しが得られてはじめて着手しているはずですが、とかく、はじめるときは、その吟味は甘くなりがち、将来の見通しはバラ色になりがちです。国庫補助金を受けて行う事業が多いのですが、期待する額がもらえるという前提で計画を立てたけど、実際は捕らぬたぬきの皮算用だったということもしばしばです。

　この点も議会の役割に期待する以外ありません。

◆ポイントその7　将来の負担につながるものを見逃すな

　逆に、額が少ないからまあいいかというので通ってしまうものもあります。しかし、それが実は将来の大きな負担につながる入り口だったという結果となる可能性があります。調査費が典型です。大きな事業を手がける前提として調査は必要です。調査の結果、経費がかかり過ぎるとか、期待していたような効果がない場合にあきらめるのならけっこうです。しかし、とかく、はじめたものは後戻りがきかないことも往々にしてあります。調査結果が思わしくなければ、基のデータを改ざんすることまでやった例がありました。

　調査が済めば、次の年度には基本設計費を組み、さらにその翌年度には実施設計費という調子であらかじめ決められた段階を追って進められます。仮に途中で事情が変化してはじめの見込みが狂ったり、事業を続けることが疑問になるような問題が出てきたとしても、事業を中止すればいままでかかった経費がムダになってしまうから、というただそれだけの理由で最後まで行ってしまった事業もあるのです。

　調査費には要注意です。

　また、たとえ必要な事業でも、段階的に進めていく場合に、途中で住民の意向を反映するプロセスを経ずに、建設するときになって問題にし

ても時すでに遅しといったものもあります。文化センター、市民体育館など住民が利用するための施設の建設は、調査や基本構想の段階から広く意見を求める努力が求められます。使い勝手が悪い施設、これも住民にとっては将来の負担になります。

◆ポイントその8　ハコモノにご用心

　市民のための公共建物、これをいつの頃からか**ハコモノ**と呼ぶようになりました。文化センター、スポーツセンター、福祉会館、いこいの家、その他いろいろです。これらに共通しているのは、作るだけでも大きなお金がかかるばかりか、できてからの維持費がバカにならず、しかも、建物がある限りズーッと続くことです。

　「ハコモノ」と、何か軽蔑するような呼び方をするのには理由があります。建物は目に見える形でできますし、残ります。建設業を含めた利害関係者からの要望も多いのです。首長や議員としては、分かりやすい選挙公約、かつ、自分の実績を宣伝する格好の材料になります。また、不思議なことに、「ハコモノ」はそれを作っただけで、目的が果たされたような錯覚を与えます。福祉センターができたら福祉行政が、青少年センターができたら青少年対策が終わったような気になりがちです。○○センターという呼び名がはやるのも、そのもっともらしい響きにひかれるからでしょう。

　ところが、「ハコモノ」はもちろんハコだけで用が済むわけではありません。とかく、ハコを作ることが第一の目的になってしまい、肝心のハタラキ（機能）についての検討はさっぱりという例があまりにも多すぎます。利用することになる住民の意見も聞かず見た目だけ立派に作ったのはよいが、全く使い勝手が悪いというのはよくある話です。

　また、「ハコモノ」を維持し、目的に沿った機能を発揮していくためには、お金がいります。建物にかかるお金ほどにはできてからの運営維持費は関心を引きません。できあがってからこんなはずではなかったということになったり、中身の充実に手を抜いて結局「ハコモノ」自体が無用の長物になってしまうことだってあるのです。お客さんの来ない観

光施設や子どもたちが寄りつかない児童館など例はいくらでもあります。

最近、できてからの維持運営も含めて、計画の段階から民間企業の力を活用するためのPFI（Private Finance Initiative）と呼ばれる方式が使われ出したのも、いままでの「ハコモノ」作りへの反省からきていると思われます。

ともかく、「ハコモノ」にはご用心！

◆ポイントその9　同じ財布の中の移動、繰出金は何のため？

一般会計から特別会計への繰出金をチェックしましょう。自治体からよそへの支出ではないので盲点になりがちです。もっともこれは民生費とか土木費とか一般会計の中のいろいろな項目に散らばっているので、まとめていっぺんに見ることはできません。むしろ、特別会計の歳入の部の繰入金のところに一般会計からの繰入金があるかどうかを調べた方が早いでしょう。国民健康保険特別会計、後期高齢者医療特別会計、介護保険特別会計、下水道事業特別会計、そして、もし公立病院があるなら病院特別会計に必ず顔を出しているはずです。他の特別会計にもあるかもしれません。

繰り出す理由は？　問題は、一般会計からの繰出金がなぜ繰り出されているかです。特別会計は決まった仕事をやるための支出を特定の収入で賄うために一般会計から独立して設けられた会計です。本来、一般会計から助成を受けることなく独立して収支が成り立っていくはずのものです。だから、一般会計から繰り出すには特別の理由がなければなりません。例えば、介護保険特別会計では、一般会計から、国・都道府県の負担金に見合う額の市町村の負担分が繰り出されています（76ページ）。これは、介護保険制度で決められた財源手当てのルールなのですから繰り出すのが当然です。

ところが、繰出金のなかには、はっきりした理由も無しに、ただ、特別会計が赤字になるのを防ぐために、言ってみれば穴を埋めるためだけに出されているものが少なくありません。特別会計で赤字を出しそうに

なったらいつでも一般会計から埋めるというのでは、わざわざ特別会計を設けて一般会計とは一線を引く意味がなくなります。そればかりではありません。特別会計はそのなかで採算を取ることが原則ですから、それを崩してしまい、特別会計が対象とする事業の運営はずさんなものになりがちです。

　例えば、水道・バス・病院などの地方公営企業は、企業として独立採算が建て前です。赤字を一般会計から簡単に埋めれば企業努力の必要はなくなってしまいます。もし、料金を上げるのを避けるために一般会計から繰り出すとすれば、利用者負担という企業の原則がゆがめられてしまいます。

　どこでも厳しい国保財政　いま、一般会計からの繰り出しで市町村が一番悩んでいるのが、国民健康保険特別会計です。これは全ての国民をカバーしているので、国民皆保険と言われる健康保険制度の１つです。自営業とか退職した方など、サラリーマンなどの勤め人が入る職域保険に入っていない住民が対象です。どこの自治体も国民健康保険の運営には頭を痛めています。同じ職業の人が入っている職域保険と比べて低い所得階層の住民が多いこと、年齢構成が高いことなどの不利な点が保険制度としての運営を難しくしています。

　保険ですから、収支が釣り合わなければ保険税（または、保険料）を上げるのが建て前ですが、議会で反対されることを嫌って、これを避けるために、あるいは、上げ幅を少なくするために一般会計から際限なく繰り出して埋めている自治体があります。こういうやり方は、保険制度を崩すばかりか、他の健康保険制度に入っているサラリーマンなどから見れば、会社を通じて自分自身の保険料を納めているばかりか、自分が納めた住民税などの市町村税を他の住民を対象としている国民健康保険に注ぎ込むことを意味するわけです。国民健康保険特別会計の運営が苦しいとしても、保険制度の建て前を崩さないことを原則にすべきです。

　同じことは、介護保険制度にも言えます。介護保険の対象となるサービスを賄うのは国・都道府県・市町村の負担金と保険料というしくみになっているのですから、保険料を上げる代わりに一般会計から繰り出し

てつじつまを合わせることはルール違反です。

◆ **ポイントその10　ブラックボックスをこじ開けよう**

　自治体が行う事業の多くは、自治体が自ら実施する直営の事業です。これらの予算は旅費・工事請負費・備品購入費などの細かい区分まで（ややこしくて手間がかかるとしても）予算書に出てきます。ところが、なかにはそこまでは絶対に分からない事業があります。それがここで言うブラックボックスです。

　事業が直営でない場合は、誰かに代わってやってもらうことになります。自治体からその誰かに支出するという内容の予算が組まれます。しかし、それ以上のこと、支出を受けた誰かが最終的にどういうことにいくら使うかは、予算には出てきません。

　額が多い３大ブラックボックスが、**委託料**、**補助金**それに**負担金**です。行政改革が進んでいます。その一環として、いわゆる民間委託が盛んに行われています。これからもますますそうなるでしょう。その結果、最少の経費で最大の効果を得られれば言うことはありません。ただ、民間に支払われる経費は、予算の上では、単に、○○○委託料としか出てこないのです。何にどう使われるのか、期待する目的に照らして安いのか高いのか、さっぱり分かりません。

　ますます増える委託料　例えば、保育所の予算です。自治体が自ら運営する自治体立の保育所ならば、その中身は、昼食代から遊具に至るまで予算の根拠ははっきりしています。ところが、自治体立で民間に運営を任せるいわゆる公立民営の保育所の場合には、予算上は、保育委託料とだけしか出てきません。

　同じことが、他の全ての委託料について言えます。不法投棄物の収集や不燃ゴミの運搬のための清掃委託料、ヘルパー派遣・デイサービス・配食サービスなどのための介護委託料、電算機の保守委託料など億に上る巨額な委託料の支出が珍しくありません。NPOが育ち、いままで自治体が直営でやってきた仕事を分担するのがごく普通になってくれば、ブラックボックスは、ますます広がり、ついには自治体の予算の相当な

部分を占めるようになるかもしれません。

　民間委託は、委託先が適切かどうかも見逃されがちな点です。長年にわたって特定の業者が受託している例もかなり見られます。ましてや、委託料が適切かどうか判断のしようがありません。惰性か癒着か、いずれにしても不明朗な現象が隠れている可能性があります。

　補助金は要注意　　いろいろな団体への補助金も要注意です。特に、自治体の別働隊のような形で仕事をやってもらっている関係団体（いわゆる外郭団体）への補助金はマンネリ化している場合が多いのです。公共施設を管理するために作られた団体（例、○○○運動公園管理協会）や社会福祉協議会などです。外郭団体でなくても、補助金がなければやっていけない団体や補助金が既得権化した団体が少なくありません。なかには退職公務員の再就職先としてその人件費分を補助金として受け取っている団体さえあります。自治体の予算の上ではっきりしないどころか、自分たちの内部でも会計が不明朗でついには刑事事件にまでなってしまったシルバー人材センターさえありました。

　なにかというとすぐ補助金となりがちですが、補助金を出せるのは「公益上必要がある場合」（地方自治法232条の2）に限られていることを忘れてはなりません。

　あなた任せの負担金　　負担金も委託料、補助金の兄弟分です。特に大きな額に上るのは、一部事務組合に対する負担金です。一部事務組合は、いくつかの自治体が一緒になって1つの自治体だけでは手にあまる仕事をするために作ったもので、それ自体が独立した地方公共団体です。消防救急のための広域消防組合、病院を経営するための病院組合、ゴミやし尿処理のための清掃組合などが普通に見られます。これらの組合を運営するための経費は、メンバーの自治体が負担しあいます。組合の予算は組合議会で決められて自治体はその結果を受けてそれぞれの予算に載せるという順序です。一部事務組合で決まったことだからと自治体の議会で十分審議せずに終わる場合が多いのです。住民の声が直接届かず住民の目に直接触れることのないという意味で一部事務組合という制度自体を疑問視する向きもあるくらいです。仮にその組合が赤字を出

していても、自治体議会が切実な問題意識を持たないということさえあるのです。

　ブラックボックスかパンドラの箱　　このように、委託料・補助金・負担金は、まるで予算のブラックボックスのように、そこにいったんお金が入ったが最後、その先がどうなるか見えなくなってしまう、あるいは、見なくなってしまう、という共通の問題点があります。しかし、そのお金でやっているのはとても大事な事業ですし、たいへん大きな金額でもあります。特に、これからますます盛んになる、または盛んにすべきである民間委託を、どうやってコントロールするかは自治体経営の大きな課題です。ブラックボックスをこじ開けて白日の下にさらすことからはじめるのが手順でしょう。そのためには、予算審議のときにその内容がはっきり分かるような資料を出してもらうことを慣行にすべきです。

　ブラックボックスを開けたら、パンドラの箱のように、とんでもない魔物がたくさん飛び出してくるかもしれません。

◆ポイントその11　一事を生やすは一事を減らすにしかず

　住民はもちろん、議員でも職員でも、予算書のなかでみんなが一番関心があるのはお金が何に使われるかということでしょう。自分が望んだり、要求したり、主張したりした事業が取り上げられているかがなにより優先します。

　自治体がどんな仕事をやるかが肝心なことは、いうまでもありません。しかし、それに劣らず大切なのは、その仕事にかかる経費が適切かということです。コスト意識、これが自治体の予算に最も欠けていることでしょう。民間企業は、コスト減らしに死に物狂いですし、家計のやりくりだって同じことです。自分のお金を使うとなれば財布のひもを固く固く締めるのに、そのなかから納めた税金の使い道となるとトンと関心がなくなってしまうのはどこかおかしくないでしょうか。

　予算の読み方として、なににいくらかかっているか、という目を持つことは、私たちの税金を私たちの家計費やお小遣いと同じように大切に

使うようにするために必要です。

　たくさん並んでいる歳出予算の項目に斜めに目を通すだけでも、オッ！　これにこんなにかかるのか、とびっくりするようなことがあるはずです。いくつかの例を挙げてみましょう。

　手始めが議会費です。自治体の議会は年4回、定例会を開きます。臨時議会が開かれることもあります。自治体の議会は、国会と違って長期にわたることはありません。一番長い3月定例会でもせいぜい3週間といったところです。ところがその経費は、馬鹿になりません。人口10万人、定数25人程度の市議会で、年間3億5,000万円くらいはかかるのです。議員の報酬・手当、事務局職員の給与、旅費その他事務経費あわせて議員1人当たり1,400万円くらいになります。この額を見ただけでも、議会に十分の活動をして欲しいと思うではありませんか。

　次に民生費を見てみましょう。民生費は福祉サービスを支えている自治体予算のなかで最大の経費です。

　福祉の充実がこぞって唱えられます。福祉の仕事は、対象となる一人ひとりの住民への人的サービスが中心ですから、1人当たりいくらかかるか調べてみましょう。利用者1人当たりの年間経費が、保育園児で約183万円、学童保育所約28万円、障害者自立訓練支援に約180万円、こう見てくると、バラ色の福祉がグッと現実のものに感じられるはずです。

　かたや、一般市民向けの施設にかかるお金は、利用者が多いこともあって、1人当たりにすると、図書館2,826円、スポーツセンター1,087円とささやかなものです（以上の金額は、東京都東久留米市の平成28年度実績）。

　自治体の予算が増えつづける1つの大きな理由は、議員も住民も増やすことだけを主張したり、要望するばかりで、減らすことには口をつぐんでいるからです。かの蒙古の英雄ジンギスカンに宰相として38年間仕えた耶律楚材は、「一利を興すは一害を除くにしかず。一事を生やすは一事を減らすにしかず」という名言を残しています。予算について言えば、新規事業をはじめたり額を増やしたりするよりは、いまやってい

る事業を止めたり額を減らす方がずっと価値がある、ということになるでしょう。これこそ税金を大切に使うコツであり、行政改革の真髄と言えましょう。

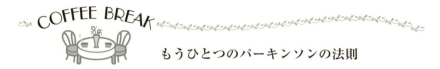

もうひとつのパーキンソンの法則

　皮肉屋パーキンソンの法則をもう1つご紹介しましょう。
　「役人の数は、仕事の量とは無関係に増えつづける」。イギリス海軍が軍縮で戦艦の数が減ったのに海軍省の役人は増えつづけたという実例を挙げています。
　組織の大きさと能率についてパーキンソンが言っていることも参考になります。組織が大きくなり人員が増えるとそれまではいらなかった内部の連絡や庶務などといった組織を維持するための仕事と人員が必要になるというものです。自治体の合併でも同じようなことが言えるでしょう。
　海軍が出てきたのでついでに小話をひとつ。
　まだソ連とチェコスロバキアがあった頃の話、チェコが新しく海軍省を作ることになったという話を聞いたソ連の役人「あなたの国には海が無いのになぜ海軍省がいるんですか。」チェコの役人「あなたの国だって文化省があるじゃないですか。」

7章 あなたのまちの財政診断

1　決算のかたち

ここがポイント

　健康チェックのためには人間ドックに入っていろいろ検査をしなければいけませんが、自治体財政がどういうことになっているかを診断するためには決算が出発点になります。
　財務の全体の姿がつかみにくいという官庁会計の弱点を補うために、決算書類では様々な工夫がなされています。収支を見るのに使われる実質収支もその1つです。

◆歳入歳出決算書

　予算の終着駅が決算ですから、決算は歳入歳出予算についてそれにあわせて**歳入歳出決算書**という形で作られます。ただ、決算は、予算執行の結果を表わすものですから、予算との違いをはっきりさせる項目が付け加わっています。決算のかたち（法律で決まっている様式）を見てみましょう。図表14を見ながら次の説明を読んでください。

◆歳入は？

　歳入について、「予算現額」は、当初予算が補正予算によって補正された結果の最終的な予算額です。「調定額」は、予定されている歳入についてその内容を調べて収支金額を決定した額です。そのうち実際収入された額が「収入済額」、滞納された税金のように徴収するよう努力はしたけれど、ついに諦めたというのが「不納欠損額」、単にまだ入っていないというのが「収入未済額」です。右端の「予算現額と収入済額との比較」は、予算と結果とのずれを示すもので、決算のポイントです。

●図表14● 決算のかたち

<決算の調製の様式>

何年度(普通地方公共団体名)歳入歳出決算書

歳　入

款	項	予算現額	調定額	収入済額	不納欠損額	収入未済額	予算現額と収入済額との比較
1 何々		円	円	円	円	円	円
	1 何々						
	2 何々						
2 何々							
	1 何々						
	2 何々						
歳入合計							

歳　出

款	項	予算現額	支出済額	翌年度繰越額	不用額	予算現額と支出済額との比較
1 何々		円	円	円	円	円
	1 何々					
	2 何々					
2 何々						
	1 何々					
	2 何々					
歳出合計						

　　歳入歳出差引残額　　　　　　　　円
　　　うち基金繰入額　　　　　　　　円
　　又は
　　歳入歳出差引歳入不足額　　　　　円
　　このため翌年度歳入繰上充用金　　円

　　　　　　　　　　何年何月何日提出
　　　　　　　　　〔何都(道府県)知事〕〔何都(道府県)何市(町村)長〕

　　　　　　　　　　　　　　　氏　　　名

　　　　　　　　　　(出所　地方自治法施行規則　別表)

不納欠損額と収入未済額を足した額に一致します。

◆歳出は？

　歳出について、「予算現額」の中身は、歳入といささか異なります。歳出予算として使える額は、当初予算と補正予算はもちろんですが、そのほか、前年度からの繰り越しが認められた継続費・繰越明許費・事故繰越しの繰越額、それに予備費の一部を回した分、同じ款の中のほかの項から流用した分が加わります。「支出済額」は読んで字の如し。「翌年度繰越額」は、正式の手続きによって翌年度に繰り越されることになった継続費・繰越明許費・事故繰越しの繰越し分です。「不用額」は、予算に上がっているけど結果として支出しなかった額です。最後の「予算現額と支出済額との比較」は、歳出決算の第一の注目点で、翌年度繰越額と不用額の合計に等しくなります。

◆そして、帳尻は？

　歳入歳出の帳尻がどうなったかが歳入歳出決算書の表の下の方に書かれます。

　歳入の収入済額から歳出の支出済額を引いたものが「歳入歳出差引残額」です。この残額は、予算を執行した結果の残りということになります。原則として、翌年度に繰り越され、翌年度の歳入予算に繰越金として組み入れられます。または、予算を通さずに、直接、財政調整基金などの基金に組み入れることもできます。（「うち基金繰入額」とあるのがそうです。）

　歳入の収入済額と歳出の支出済額の差額がマイナスになる場合、すなわち、赤字になったときは、「歳入歳出差引歳入不足額」になります。一会計年度で勝負するのが自治体予算ですから、この場合には、足りなくなった分を翌年度に入る収入で埋める以外に手はありません。これが**翌年度歳入繰上充用金**です。

◆ その他の書類

　決算の関係書類として、会計管理者は、歳入歳出決算書の他に3種類の書類を作ることになっています。歳入歳出決算事項別明細書、実質収支に関する調書、財産に関する調書です。

　黒字赤字は実質収支で　歳入歳出決算事項別明細書は、決算書をもっと詳しくしたもので、歳入歳出予算事項別明細書に対応するものです。実質収支に関する調書は、収支尻の内容をはっきりさせた、決算のエッセンスと言えるものです（図表15）。

　さきほど出てきた「歳入歳出差引残額」または「歳入歳出差引歳入不足額」は、収支の差を示すものですが、その額が正確な意味での黒字または赤字の額ではありません。歳出の中には翌年度に繰り越されるものがあって、それに見合う歳入の額が残額として残り、そのまま翌年度に繰り越されなければつじつまがあわないからです。そのようにして計算された収支を**実質収支**と言い、自治体の本当の財政収支はこれによって表わされるのです。

　様式が示すように、歳入歳出差引額から翌年度へ繰り越さなければな

●図表15●　**実質収支は決算のエッセンス**

　　＜実質収支に関する調書様式＞

　　　　　　　　　　実　質　収　支　に　関　す　る　調　書

区　　　　　　分	金　　額
1　歳　　入　　総　　額	千円
2　歳　　出　　総　　額	
3　歳　入　歳　出　差　引　額	
4　翌年度へ繰り越す 　　べき財源	(1)　継続費逓次繰越額	
	(2)　繰越明許費繰越額	
	(3)　事故繰越し繰越額	
	計	
5　実　　質　　収　　支　　額	
6　実質収支額のうち地方自治法第233条の2の規定による基金繰入額	

　　　　　　　　　　　　　　　　　　　（出所　地方自治法施行規則　別表）

らない財源を差し引いたものが**実質収支額**で、黒字か赤字かを判断するのはこれが中心になります。

　財政に関する調書は、企業の財務諸表の財産目録に当たるものです。公有財産とされる土地・建物、山林、動産（船舶・浮標・浮桟橋・浮ドック・航空機）、物権（地上権・地役権・鉱業権など）、無体財産権（特許権・著作権など）、有価証券（株券・社債券・地方債証券・国債証券など）、出資による権利、不動産の信託の受益権のほか、乗用車などの物品、貸付金などの債権、基金について記すことになっています。

　財産に関する調書を見れば、自治体の所有する資産が一覧できることになります。ただ、企業の財産目録と違って、現金・預金・未収金などの流動資産、それと地方債などの負債が含まれていないことに注意しましょう。

◆決算は自治体の通知表

　決算は、自治体の1年間の通知表のようなものです。そこには努力（または怠慢）の跡や結果が記されています。成績をつけるのは、議会であり住民です。

　決算についてなにを見たらよいのか、2つあります。1つは、予算あっての決算ですから、予算との違いです。予算は、自治体の1年度間の仕事の計画をお金で表わしたものです。それを住民の代表の議会が議決したということは、住民が決めたということでもあります。首長はこれを執行する責任があります。決算が予算と食い違っていれば、それはなぜなのか、説明する義務もあります。2つめは、財政状況です。企業の財務諸表と同様、自治体の決算は、財政分析のための生の材料であり、出発点です。

◆目のつけどころ

　財政分析については、まとめて後で勉強することにして、ここでは、1つめのポイント、予算と食い違っている点のどこに目をつけるかを研究しましょう。

歳入の見込みは　　まず、歳入です。歳入予算は、あくまでも見込みですから、予算と食い違うのは当たり前と言えば当たり前です。しかし、歳入の見通しを立ててから歳出を組むのですから、見込みが実績からひどくかけはなれるようでは問題です。場合によれば赤字の原因にもなりかねません。そこで全ての項目にわたって予算額と収入済額との隔たりを見ましょう。もっとも、年度途中で現実の歳入額に近づけるため補正しますので最終的に３月議会に出される補正予算と決算とはあまり違いがないのが普通です。当初予算と比べることが肝心です。歳入歳出決算事項別明細書によって、当初予算と収入済額とを比べることによって当初の見込みが最終的にはどんな結果になったかはっきり分かります。その差が大きい歳入については、理由をはっきりさせるべきです。

　予算があまった　　予算と決算の食い違いがより問題とされるのは歳出予算です。特に不用額は予算の使い残しとして議会でも追及されることが多い項目です。しかし、不用額が全て好ましくないかと言えば、決してそうではなく内容によります。その年度に新しくはじめた事業は見通しを立てるのが難しく、余裕を見て組むためにとかく不用額が出がちです。

　こういうやむをえないものまで批判の対象にされますと、予算に組んだものは、是が非でも使い切らないとまずい、という発想になってしまい、結果として無駄な使い方になってしまうことがあります。需用費や備品購入費があまったからそんなに必要でない物を無理して買ったり、旅費の予算があまったからどこかに出張にでかけようという行動を勧める結果になってしまいます。「予算を消化する」という悪習をなくすような議会での審議や予算作りであって欲しいものです。

　こんな予算のムダを招く原因の１つは、予算編成のあり方です。伝統的なやり方は、実績主義です。前年度がどれだけだったから、次の年度はそこから出発するという考え方です。これだと各部課で予算を確保するためには計上した予算を全部使い切っておかなければ損だという発想につながります。ここは予算編成の技術に一工夫要ります。不用残として残した額は、次の年度の新しい事業に自由に充てることができるなど

の前向きのやり方を取り入れている自治体もあります。

◆**監査委員の意見書なども参考に**

　決算は数字が並んでいるだけですから、そこから決算の特徴や問題点を読み取るのはなかなか根気を要します。そのための手引きとして参考になるのは、**監査委員の意見書**です。

　監査委員の意見書の効用は、決算の要点を簡潔にまとめてくれていること、それと、全てにわたってそれなりに一通りの決算分析をやっていることです。

　また、計数は正しいか、おかしな支出がされていないか、などを専門の立場から目を光らせて点検・審査した結果が意見書というかたちで決算書類と一緒に議会に出されます。監査委員から見た問題点があれば、そこに指摘されているはずです。

　しかし、会計処理の誤りなどはなくて当然なので、意見書は「関係書類と照合した結果、計数に誤りは認められなかった」式のあたりさわりのない表現が並んでいるのが普通です。（ただ、さほど重要ではないと判断された問題点は、口頭で担当部課に伝えられ、文章としては残さないという慣習もありますので、意見書に出ていないからといって全く問題がないわけでもありませんが。）

　もう1つ、決算を見るとき参考になりそうなのは、首長が作って決算書類と一緒に議会に出すことになっている**主要な施策の成果を説明する書類**です。事業ごとに、例えば、文化講演会にいくら経費がかかり何人出席した、という調子で淡々と結果を記してあるのが普通ですが、事業の内容を知るのには便利です。

2　診断のカルテ

> **ここがポイント**
>
> 　自治体の財政は家計と似ています。財政診断も家計に当てはめれば見当がつきます。
> 　財政分析のキーワードがあります。財政力指数、実質収支、起債制限比率、経常収支比率などです。
> 　人件費は一番比重の大きい経費です。公務員の給与が適当かどうかを判断するには、それを決めているルールを知ることです。

◆PLAN→DO→SEE→PLAN→・・・

　仕事を仕上げる手順は、どんな仕事でも、全てPLAN（計画）、DO（実行）、SEE（結果の点検）だと言われます。自治体の1年間の計画が予算、その執行は、実行、そして、決算を結果の点検に当てはめることができます。結果をよく調べ、分析し、問題点をつかみ、改善・改革していく、この繰り返しで自治体の仕事の内容が高まっていくこと、これは全ての仕事、全ての組織と同じです。その意味で決算はより良い自治体経営のための貴重な材料です。

　そのなかではなんと言っても、決算の数字から導き出される自治体の財政の状況が大切です。健康がどんな状態にあるかでその人の活動の範囲や量が決まってくるように、財政状況が自治体の活動の範囲や量を決めると言えます。人間の定期健康診断と同じ意味で、1年に一度の決算は自治体の財政診断をするよい機会です。

◆材料のいろいろ

　まず、財政診断をするための材料を手に入れましょう。と言っても、人の健康診断と同じで、どこまで詳しく見るかで必要なデータはずいぶん違ってきます。保健所などでやる簡単な健診から人間ドックの日帰り・1泊コース・数日コースまで違うのと同じです。ここでは、一番の

基礎となる項目にしぼることにします。このための材料としては、自治体が公表することを義務づけられている**決算の要領**（地方自治法233条6項）と、これとは別に年2回以上行われる**財政状況の公表**（地方自治法243条の3・1項）が手近な資料です。自治体の広報紙に載せるのが一般的で、なかには特別にパンフレットを作っているところもあります。最近では、ホームページに出すところも増えています。

　材料を集める一番簡単な手段は、やはりインターネットです。総務省のホームページで、あなたのまちを含めて全国の自治体の最新のデータを個別に見ることができます。【総務省トップ】→【政策】→【統計情報】→【地方財政状況調査関係資料】とたどって行けば、以下に出てくる決算カードをはじめとして、財政診断に必要なほとんどのデータを居ながらにして手に入れることができるのです。

　決算のエッセンス、決算カード　　もっと詳しい内容を見たいという向きにおすすめなのが、**決算カード**と呼ばれている表です。これは、全国の自治体が同じ様式で作っています。自治体の決算状況は、毎年、総務省が全国的に調査してまとめていますが、その調査のエッセンスを自治体ごとにまとめたのがこの決算カードです。サンプルを見てください（図表16、実は、私の住んでいるまちのものです）。普通必要なデータはほとんどこの中につまっています。これは、自治体の財政担当課からもらえるはずですし、都道府県は管下の全市町村の決算カードをまとめて1つの冊子にして発行しているのが普通です。これを見れば、同じ都道府県のほかの自治体と比べることも可能になります。

　他のまちと比べる　　比べるということでは、自治体は、人が一人ひとり違っているのと同じで、1つ1つ違っています。人口の多い少ないからはじまって、まちの成り立ち、都市か農村か、大都市圏か地方都市か、主な産業などいろいろな点で違っています。自治体の財政状況を見る場合には、1つ1つの自治体のデータから分かる要素（例えば、黒字か赤字か）と他の自治体と比べてはじめて分かる要素（例えば、豊かさ）があり、両方を併せてはじめて正しい判断ができます。他の自治体と比べると言っても、同じような条件の自治体とでないと意味がありま

●図表16● 「決算カード」の一例

平成28年度 決算状況

人口		
27年国調	116,632	人
22年国調	116,546	人
増減率	0.1	%
面積	12.88	km²
人口密度	9,055	人

区 分	住民基本台帳人口	うち日本人
29. 1. 1	116,867 人	115,045 人
28. 1. 1	117,128 人	115,324 人
増減率	-0.2 %	-0.2 %

歳入の状況 (単位：千円・%)

区 分	決算額	構成比	経常一般財源等	構成比
地 方 税	16,678,048	41.7	15,378,383	73.4
地 方 譲 与 税	183,852	0.5	183,852	0.9
利 子 割 交 付 金	30,559	0.1	30,559	0.1
配 当 割 交 付 金	99,608	0.2	99,608	0.5
株式等譲渡所得割交付金	57,691	0.1	57,691	0.3
地 方 消 費 税 交 付 金	2,252,929	5.6	2,252,929	10.8
ゴルフ場利用税交付金	-	-	-	-
特別地方消費税交付金	-	-	-	-
自動車取得税交付金	83,585	0.2	83,585	0.4
軽 油 引 取 税 交 付 金	-	-	-	-
地 方 特 例 交 付 金	91,321	0.2	91,321	0.4
地 方 交 付 税	2,776,907	7.0	2,636,348	12.6
内 普 通 交 付 税	2,636,348	6.6	2,636,348	12.6
訳 特 別 交 付 税	140,559	0.4	-	-
震災復興特別交付税	-	-	-	-
（一 般 財 源 等）	22,254,500	55.7	20,814,276	99.4
交通安全対策特別交付金	14,146	0.0	14,146	0.1
分 担 金 ・ 負 担 金	315,617	0.8	-	-
使 用 料	396,362	1.0	104,263	0.5
手 数 料	78,151	0.2	-	-
国 庫 支 出 金	7,382,840	18.5	-	-
国 有 提 供 交 付 金	-	-	-	-
(特 別 区 財 調 交 付 金)	-	-	-	-
都 道 府 県 支 出 金	5,896,776	14.8	-	-
財 産 収 入	18,607	0.0	4,357	0.0
寄 附 金	42,747	0.1	-	-
繰 入 金	44,750	0.1	-	-
繰 越 金	1,306,659	3.3	-	-
諸 収 入	355,584	0.9	5,841	0.0
地 方 債	1,844,600	4.6	-	-
うち減収補填債（特例分）	-	-	-	-
うち臨時財政対策債	1,350,000	3.4	-	-
歳 入 合 計	39,951,359	100.0	20,942,883	100.0

市町村税の状況

区 分	収入済額
普 通 税	15,378,383
法 定 普 通 税	15,378,383
市 町 村 民 税	8,051,759
内 個 人 均 等 割	197,713
所 得 割	7,230,217
法 人 均 等 割	243,583
訳 法 人 税 割	380,246
固 定 資 産 税	6,622,619
うち純固定資産税	6,400,090
軽 自 動 車 税	97,062
市 町 村 た ば こ 税	606,943
鉱 産 税	-
特 別 土 地 保 有 税	-
法 定 外 普 通 税	-
目 的 税	1,299,665
法 定 目 的 税	1,299,665
内 入 湯 税	-
事 業 所 税	-
都 市 計 画 税	1,299,665
訳 水 利 地 益 税 等	-
法 定 外 目 的 税	-
旧 法 に よ る 税	-
合 計	16,678,048

性質別歳出の状況 (単位：千円・%)

区 分	決算額	構成比	充当一般財源等	経常経費充当一般財源等	経常収支比率
人 件 費	5,346,944	13.7	4,733,340	4,727,325	21.2
う ち 職 員 給	3,444,511	8.8	3,050,972	-	-
扶 助 費	12,915,605	33.0	3,666,970	3,666,840	16.4
公 債 費	2,467,723	6.3	2,467,723	2,467,723	11.1
内 元利償還金 元金	2,210,968	5.6	2,210,968	2,210,968	9.9
利子	256,755	0.7	256,755	256,755	1.2
訳 一 時 借 入 金 利 子	-	-	-	-	-
（義 務 的 経 費 計）	20,730,272	52.9	10,868,033	10,861,888	48.7
物 件 費	6,652,390	17.0	4,788,125	3,709,531	16.6
維 持 補 修 費	163,667	0.4	147,451	147,451	0.7
補 助 費 等	4,004,014	10.2	3,207,098	2,862,475	12.8
うち一部事務組合負担金	988,823	2.5	987,015	791,036	3.5
繰 出 金	4,615,922	11.8	4,059,928	3,326,700	14.9
積 立 金	997,458	2.5	962,931	-	-
投 資 ・ 出 資 金 ・ 貸 付 金	54,450	0.1	170	170	0.0
前 年 度 繰 上 充 用 金	-	-	-	-	-
投 資 的 経 費	1,948,519	5.0	339,556		
う ち 人 件 費	61,426	0.2	57,730		
内 普 通 建 設 事 業 費	1,948,519	5.0	339,556		
う ち 補 助	706,549	1.8	69,993		
訳 　 う ち 単 独	1,241,970	3.2	269,563		
災 害 復 旧 事 業 費	-	-	-		
失 業 対 策 事 業 費	-	-	-		
歳 出 合 計	39,166,722	100.0	24,373,292		

経常経費充当一般財源等計　20,908,215 千円
経常収支比率　93.8 %（ 99.8 %）
（減収補填債（特例分）及び臨時財政対策債除く）
歳入一般財源等　25,157,929 千円

目的

区 分	
議 会 費	
総 務 費	
民 生 費	
衛 生 費	
労 働 費	
農 林 水 産 業 費	
商 工 費	
土 木 費	
消 防 費	
教 育 費	
災 害 復 旧 費	
公 債 費	
諸 支 出 金	
前年度繰上充用金	
歳 出 合 計	

公 営 事 業 等 へ の 繰 出	公 計
	下 水 道
	病 院
	介護サービス
	上 水 道
	国民健康保険
	そ の 他

130

7章　あなたのまちの財政診断

産　業　構　造			都道府県名		団　体　名	市町村類型		III－3
区分	27年国調	22年国調	13		2225	地方交付税種地		2－9
第1次	596 1.3	603 1.3	東京都		東久留米市			
第2次	9,004 18.9	8,841 19.3	区　　分			平成28年度（千円）		平成27年度（千円）
第3次	37,978 79.8	36,254 79.3	収支状況	歳　入　総　額		39,951,359		39,685,283
単位：千円・％		指定団体等の指定状況		歳　出　総　額		39,166,722		38,378,624
構成比	超過課税分			歳入歳出差引		784,637		1,306,659
92.2	51,857	旧　新　産　×		翌年度に繰越すべき財源		223,520		117,520
92.2	51,857	旧　工　特　×		実　質　収　支		561,117		1,189,139
48.3	51,857	低　開　発　×		単　年　度　収　支		-628,022		94,630
1.2		旧　産　炭　×		積　立　金		619,361		573,915
43.4		山　振　×		繰　上　償　還　金		－		－
1.5		過　疎　×		積立金取崩し額		－		－
2.3	51,857	首　都　○		実質単年度収支		-8,661		668,545
		近　畿　×		区　　分	職員数（人）	給料月額 （百円）		一人当たり平均 給料月額（百円）
39.7		中　部　×						
38.4		財政健全化等　－		一般職員	549	1,689,273		3,077
0.6		指数表選定　－	一般職員等	うち消防職員	－	－		－
3.6		財源超過　－		うち技能労務	32	102,016		3,188
				教　育　公　務	2	*		*
				臨　時　職	－	－		－
				合　　　計	551	1,698,323		3,082
				ラスパイレス指数				101.7
7.8		一部事務組合加入の状況		特別職等定数		適用開始年月日		一人当たり平均給料 （報酬）月額（百円）
7.8		議員公務災害　○	し尿処理　－	市区町村長	1	29.04.01		4,320
		非常勤公務災害　○	ごみ処理　○	副市区町村長	2	27.09.01		7,980
7.8		退職手当　○	火葬場　×	教育長	1	18.01.01		7,700
		事務機共同　－	常備消防　×	議会議長	1	27.07.01		5,225
		税務事務　－	小学校　×	議会副議長	1	27.07.01		4,845
		老人福祉　×	中学校　×	議　会　議　員	20	27.07.01		4,560
100.0	51,857	伝染病　×	その他　○					

別歳出の状況（単位：千円・％）					区　　分		平成28年度（千円）	平成27年度（千円）
決算額 （A）	構成比	（A）のうち 普通建設事業費	（A）の 充当一般財源等		基準財政収入額		14,373,069	13,976,985
					基準財政需要額		17,024,426	16,777,413
308,329	0.8	4,178	308,269		標準税収入額等		18,384,298	17,870,356
4,100,104	10.5	9,626	3,603,639		標準財政規模		22,399,270	22,266,818
20,657,728	52.7	440,480	9,405,146		財政力指数		0.83	0.82
3,000,448	7.7	15,263	2,509,172		実質収支比率（％）		2.5	5.3
205,012	0.5	－	142,166		公債費負担比率（％）		9.8	10.0
119,637	0.3	－	53,064	判断比率	実質赤字比率（％）		－	－
252,273	0.6	－	63,732		連結実質赤字比率（％）		－	－
2,597,672	6.6	786,768	1,827,832	比率全	実質公債費比率（％）		0.7	1.6
1,710,767	4.4	115,344	1,369,285	化率	将来負担比率（％）		－	3.8
3,747,029	9.6	576,860	2,623,264	積立金現在高	財政調整		4,348,446	3,729,085
－	－	－	－		減　債		322	322
2,467,723	6.3	－	2,467,723		特定目的		2,313,688	1,979,383
				地方債現在高			24,519,413	24,885,781
39,166,722	100.0	1,948,519	24,373,292	債務負担行為額 （支出予定額）	物件等購入 保証・補償 その他		4,588,931	4,843,424
					実質的なもの		－	249,736
4,890,912	会国	実　質　収　支	353,647		収益事業収入		－	－
870,139	計民 の健	再差引収支	-450,379		土地開発基金現在高		－	－
274,990	状康 況保	加入世帯数（世帯）	18,058	徴収率・計 （％）	合　　計	99.3	98.4	99.2	98.0
2,878	険 事	被保険者数（人）	28,861		市町村民税	98.9	97.7	98.8	97.2
1,194,258	業	（保険税（料）収入額	92		純固定資産税	99.5	98.8	99.5	98.6
2,548,647	の状況	被保険者 1人当り	国庫支出金 保険給付費	92 288				

131

せん。そこで、毎年行われる自治体の決算を全国的にまとめる作業の一環として、似通っている自治体を抜き出してその平均を人口1人当たりの額で表わすことが行われています。似ているかどうかを判断する要素としては、人口と産業構造の2つが取り上げられ、その組み合わせで同じ区分に入れば似ている団体（類似団体）として同じ類型に分類されます。

　一般市の例で言いますと、人口は50,000人未満（類型Ⅰ）から150,000人以上（類型Ⅳ）までの4類型、産業構造は第二次産業と第三次産業を合わせた就業人口の割合が90％未満で、かつ、第三次産業の就業人口が55％未満（類型0）から、第二次産業と第三次産業をあわせた就業人口の割合が90％以上で、かつ、第三次産業の割合が65％以上（類型3）の16の類型に分けられています。そして、この2つの組合せで、ある市の類型としては「Ⅲ－3」というように表わされます。その結果は、**類似団体別市町村財政指数表**としてまとめられています。1つ1つの自治体については、さきほどの決算カードと同じように、その自治体と類似団体の数字を並べたものが**類似団体比較カード**として1つの表にまとめられています。これも総務省のホームページで見ることができます。

　このほか、他の市町村と比べる材料としては、それぞれの都道府県が管内の全市町村の財政状況をまとめた資料を作っていますので参考にするとよいでしょう。市町村が自分のところとほかとを比べるときは、全国よりもむしろ同じ都道府県の中の市とか同じ郡内の町村を引き合いに出すことが多いのです。

◆家計と似ている自治体財政

　材料がそろったところで、あなたのまちの財政分析をはじめましょう。財政分析と言えば難しそうだと思われるかもしれません。確かに、数字の羅列は頭が痛くなりそうだし、舌を嚙みそうな専門用語も出てきます。だけど、心配ご無用。一番の基本を頭に入れておいていただけば、そんなに難しいものではありません。自治体の財政は、家計と同じ

ようなもの、これが理解の鍵です。複雑に見えるものもみなさんの家計に当てはめれば大体類推できるはずです。

◆豊かさのものさし

　まず、財政の豊かさです。豊かな家庭と言った場合、何を根拠にそう言うのでしょうか。そりゃあ、収入が多い家に決まっているさ、という答えが返ってくるかもしれません。

　もちろんそれは大事な要素に違いありません。でも、収入が多くても扶養家族が多かったらどうでしょうか。独身貴族という言葉もあるとおり、家族１人当たりの収入が家計の豊かさの目安となるのではありませんか。それと同じで、自治体の豊かさも、人口１人当たりの歳入の額が豊かさの１つの指標です。人口１人当たりの地方税の額を比べるのが一番分かりやすいでしょう。全国の市町村の間にはたいへんな差があります。前にも見たように、平成28（2016）年度で人口１人当たりの地方税の額が一番多いのは、141万円（北海道泊村）、一番少ないのは、2.8万円（福島県浪江町）です。

　人口１人当たりの地方税の額は、確かに豊かさの１つの目安ではありますが、それだけでは十分ではありません。いくら１人当たりの税額が多くても総額がそんなに多くなければ大きな事業はできませんし、どうしてもやらなければいけない仕事をやるためには足りないかもしれません。家計で１人当たりの収入がいくら多くても、長期入院している家族がいたり、介護が必要なお年寄りを抱えていたりすれば、必ずしも豊かだとは言えないのと一緒です。

　財政力指数は豊かさの指標　入ってくる収入と必要な支出とを比べてはじめて余裕があるかどうか判断できるのです。そのためによく使われる指標が**財政力指数**です。前に地方交付税について勉強したときに、基準財政収入額と基準財政需要額というのが出てきました（45〜49ページを見てください）。１つの自治体について、この２つを計算した結果、基準財政需要額が基準財政収入額を上回れば、普通交付税がもらえる交付団体で、逆の場合は、不交付団体でした。その延長で、収入額の方が

需要額と比べて多ければ多いほど、その自治体は豊かだということになります。これを数値で表わしたものが財政力指数です。次の算式で計算されます。

財政力指数＝基準財政収入額÷基準財政需要額

　基準財政収入額が基準財政需要額より多ければ、財政力指数は、1を超えます。同じであれば、1、基準財政需要額の方が多ければ、1を下回ります。財政力指数が1以上のときは、不交付団体、それ以外は交付団体ということになります。自治体の違いを超えて、財政力指数がその自治体の財政の豊かさの程度を示します。この指数は、年度によって変わるので、過去3年間の平均を取るのが普通です。先にご紹介した決算カードや類似団体比較カードにも載っています。

◆豊かだけではダメ

　さて、家計が豊かだとして、それだけで問題は無いのでしょうか。そんなことはありません。中身が問題です。収入が多いからと言ってあれもこれもと買いまくったら収入がいくらあっても追いつきませんし、ローンを使っていればついには返せなくなるかもしれません。使うばかりで貯金がなかったらいざというときに困ります。このように、自治体の場合も、収入の大きさばかりでなく、内容を見なければなりません。自治体の経営方針や財政運営の腕がものを言うのです。

　目のつけどころをいくつか挙げます。

◆収支のつり合い

　なによりもまず確かめなければならないのは、収支がつり合っているかです。自治体は、国と違って、自分の力だけで収入を増やすのは、限界があります。限られた収入の中でやりくりをしなければなりません。自治体財政のしくみからいって、いったん赤字になれば次の年度の収入で埋める以外手は無いので、次々と後の年度に送られて雪だるま式に増える宿命を持っています。そうならないためには、毎年度毎年度の収支をできるなら黒字に、せめてトントンにする努力が必要です。収支と

言っても、1つだけではありません。数字の取り方によっていくつかの収支があります。

収支のいろいろ　まず、基本は**形式収支**です。これは前に決算のところで出てきたように（123ページを見てください）、歳入決算額から歳出決算額を差し引いた歳入歳出の帳尻です。自治体の会計は現金会計ですから、この形式収支は、出納閉鎖日（5月31日）現在で締めたその年度の歳入として入ってきた現金と歳出として出ていった現金の収支尻です。もし、出納整理期間（4月1日〜5月31日）に入ってお金が足りない（歳入が歳出に不足する）ということになれば、足りない分は次の年度の歳入として入る現金を融通するしかありません。これが繰上_{くりあげ}充用_{じゅうよう}です。その月のお小遣いが足りなくなったとき翌月のお小遣い分を前借りするのに似ています。

実質収支は、形式収支を修正したものです。いくら形式収支が黒字でも、その年度にやることになっていた事業を翌年度に繰り越した場合にはそれに充てるはずであったお金はそのためにとっておかなければつじつまが合いません。形式収支の黒字の額にはその分が含まれていないといけないわけです。継続費の使い残し分（逓次繰越）、繰越明許費繰越額、事故繰越し、それに場合によっては、用地がどうしても買えなかったなどの事情で結果としてできずに事業を翌年度に回したり（事業繰越）、支払いだけを翌年度に延ばしたり（支払い繰り延べ）したものは、翌年度に支払うためには、その分黒字として残し、翌年度の歳入（繰越金）として受け入れる必要があります。だから、本当の意味の黒字は、形式収支からこれらの繰越し財源を差し引いた残りの額のはずです。これが実質収支です（124ページを見てください）。

◆赤信号は止まれ、赤字は不健全のしるし

赤字は財政が不健全だということの表われです。実質収支は絶対に赤字にしないことが財政運営のイロハです。でも、やむを得ず赤字になる場合だってあります。景気が短い間に急に悪くなって税収がガクンと落ちてしまった、とか、大地震に見舞われ思わぬ出費がかさんだ、とか。

事実、ニクソン・ショックと言われた経済状況が急に変わった昭和50 (1975) 年度は、全国の自治体が軒並み赤字に落ち込みました。こういう特別の事態を除けば、赤字になるのは自治体の財政運営がまずいからです。「量入制出」が自治体財政の基本だからです。

それでは、黒字の額は多ければ多いほどよいのかと言うと、もちろん違います。家計の場合は、収入があれば貯金しておけばよいのですが、自治体は仕事をするために税金をもらっているのです。それを有効に使う義務があります。自治体にとって「貯金が趣味」ということはありえません。家計でも本当はそうなのでしょう。黒字の額は、自治体の財政を順調に運営していけるだけあればよいのです。それが具体的にどれくらいかというのは一概に決めることはできません。自治体の財政の規模、貯金（財政調整基金）の額、その時の経済状況によっても違ってきます。

実質収支の大きさを示すものさしとして使われるのは、**実質収支比率**です。標準財政規模に対する実質収支の額で示され、決算カードにも載っています。この比率は経験上３％から５％程度が望ましいと言われますが、あくまでも目安です。

実質収支から前年度の実質収支を引いたものが**単年度収支**です。

単年度収支＝その年度の実質収支－前年度の実質収支

実質収支は、前年度の収支を含んでいます。前年度が黒字なら、繰越金という形でその年度の歳入に持ち越され、赤字なら、それを埋めるため、逆にその年度の歳入が繰上充用金という形で充てられます。前年度からの影響をさえぎり、純粋にその年度だけの収支にしたのが単年度収支です。

単年度収支が赤字でも、実質収支が黒字なら、当面は直ちにどうということはありませんが、この状態は、前年度の黒字のおかげでその年度もかろうじて黒字になっていることを示していますから、それが続けばそのうち実質収支も赤字になってしまいます。そうならないように原因を調べて手を打つ必要があります。

単年度収支のなかには厳密に言えば、前年度以前から持ち越された要素や翌年度以降の収支に影響を与える要素が含まれています。積立金を

積み立てれば翌年度以降の黒字に貢献しますし、前年度までに積み立てられた財政調整基金を取り崩して歳入にしていれば、逆にその年度にとってはプラスアルファの収入として赤字の要素と考えられます。また、前年度までに借りた地方債を前倒しして繰り上げて返していれば、翌年度以降はそれだけ楽になるのでこれまた黒字の要素と言えます。こういう隠れた黒字、赤字の要素を加減したものが**実質単年度収支**です。

実質単年度収支＝単年度収支＋財政調整積立金＋地方債繰上償還額
**　　　　　　　－財政調整基金取り崩し額**

　実質単年度収支の赤字が続くということは、前年度までの蓄えを食いつぶしながら生活しているということで、長く続くはずはありません。

　以上、一口に自治体の財政収支と言っても、いろいろな見方があり、それに応じた収支の種類があるということを見てきました。要は、収支と言えば、決算の歳入と歳出の差のことを考えるのが普通ですが、それだけでは収支を正確につかんだことにならない、ということを知っていただきたいのです。仮に、いくら自治体が決算は黒字だからうちのまちの財政は大丈夫だと言い張っても、実質単年度収支が何年も赤字なら文字どおり赤信号が点っているのです。

◆借金はほどほどに

　収支そのものをいくら眺めてもそこに出てこない、が、しかし将来の財政に大きく影響するものがあります。それは将来の負担になる借金（地方債）であり、それ以外の債務（債務負担行為）です。

　１つの年度の収入だけでは賄い切れない大きな事業をやるのに地方債を起こすのはまっとうな財政運営です。手持ちの財源、その事業のために貯めてあった基金の取り崩しやその年度の歳入を充てる分が全体の30％で残りの70％は地方債を借りるというようなやり方が普通です。マイカーやマイホームのローンと一緒です。でも、両方とも、とりあえずの負担はないので、後で返さなければならないと分かっていても、そこまでなかなか頭が回らないという共通の問題があります。

　そこで、地方債を発行する場合には、将来の負担を考えて、無理なく

返せるかどうかを十分見極めなければなりません。その目安としていくつかのものさしがあります。

公債費比率、公債費負担比率です。これらの比率は、どれも歳入のなかで地方債の元利償還金がどのくらい占めるかを見方を変えて示しています。特に注目しなければならないのは公債費比率（実質公債費比率）です。この率が18％以上の自治体は、地方債を起こすときは、総務大臣（市町村については知事）の許可が必要になります。

地方債の大きさを示す分かりやすい数値は、人口1人当たりの現在高です。難しい比率がピンと来ない住民でも、1人当たり50万円の借金があると分かればアッと思うに違いありません。近所の他の自治体や類似団体の数値と比べてみてください。

将来にわたってあなたのまちの公債費がどうなっていくかを見る簡単なやり方があります。

歳入に計上されている地方債の額と歳出に計上されている公債費の額を比べてみてください。その差がプラスすなわち地方債の方が公債費より多ければ、将来公債費が増える可能性がありますし、その逆、公債費の方が多ければ将来は公債費が減る可能性を含んでいると言えます。1つの年度だけでははっきりしたことは言えませんが、何年間かの傾向を見れば将来の公債費の動きの見当をつけることができます。

◆目方で男は量(はか)れない

いままで、自治体の財政の豊かさやその収支を見てきました。これらはどれも自治体財政の大きさに着目したものです。しかし、人間同様、自治体財政の評価は、図体の大きさだけで決まるものではありません。その中身が問題です（そう言えば、あの『男はつらいよ』の寅さんも「目方で男が売れるなら苦労はかけない」と言っていました）。これからは、いくつかの角度から中身を調べることにしましょう。

しなやかさ　　まず、自治体が新しい政策課題に対応できるだけの余裕があるかどうかということです。これを**財政構造の弾力性**と言います。要するに、しなやかさです。世の中が変われば次々に新しい問題が

出てきます。行政の世界では新しい行政需要ということになります。自治体がそれに取り組もうとすれば、新たにそのための経費を予算に上げなければなりません。この繰り返しが自治体行政です。自治体は、新しい仕事に取り組めるだけの財政の余裕がないと社会の変化に対応できないし、住民の要望に応えられません。

いくら財政が豊かでも、いままでやってきた仕事にほとんどのお金を使っていたら、新しい仕事に回す余地がないかもしれません。

財政構造の弾力性を示す指標が**経常収支比率**です。自治体財政を見るためのものさしとして財政力指数と並んで一番重要です。

自治体の収入には毎年決まって入ってくる経常的なものとそうではない臨時的なものがあります。地方税のほとんどは経常収入ですが、特別交付税、寄付金、土地売却などは臨時収入です。支出にも毎年決まって出ていく経常的なものとそうではない臨時的なものとあります。人件費や生活保護費は経常経費、建設事業費や災害対策経費などは臨時経費です。経常的な収入が大半ですから、これが全て経常的な支出に充てられてしまえば、臨時的な支出や新しい課題に取り組むための支出に充てる余地がほとんど無いことになります。逆に、経常的収入が経常的な支出を賄ってあまりあるならば、その残りは、それ以外の経費に充てることができるわけです。

そこで、経常的な収入のうちどんな経費にも充てることができる一般財源（経常一般財源）がどの程度経常的な支出に充てられているかによってその自治体の財政構造の弾力性を見ようとするのが経常収支比率の考え方です。この率が低いほど財政はしなやかで弾力性があることになります。

経常収支比率＝（経常的経費－経常特定財源）÷経常一般財源

自治体のエンゲル係数　エンゲル係数を思い出す方もおられるでしょう。経常収支比率は、低いほど財政に余裕があることを示すという点でエンゲル係数に似ています。復習すると、エンゲル係数は、家計の消費支出に占める食料費の割合です。所得の高い家庭ほどこの割合が低くなる傾向があることから生活水準を計る1つの目安とされてきまし

た。日本では戦後60％にも上ったエンゲル係数が所得水準が上がるにつれどんどん低くなって、2006年度には23％にまで下がりましたが、最近また上がり始め、2017年には26％になっています。

　（ついでに、脱線すれば、エンゲル係数をもじったエンジェル係数というのもあります。家計支出に占める子育て費用の割合のことで、某証券会社の調査によると、2007年には26％でしたが、少子化の影響で年々下がっているようです。）

　経常収支比率はどの程度であればよいのでしょうか。経験上、町村では70％、市では80％、都道府県では80％の範囲内が望ましいとされて来ました。この比率は、経済成長の度合いや国の経済財政政策、その自治体の行政水準など様々な要素によって影響を受けます。現に、経常収支比率の平均は、以前と比べかなり上がってきています。しかし、そんな傾向の中にあっても、自治体によってずいぶん違いがあります。全国的傾向は傾向としても、それぞれの自治体の財政運営のあり方によるところが大きいのです。それでこそ地方自治です。

◆一番大きいのはやはり人件費

　ところで、経常的経費の中でも一番比重が大きいのは**人件費**です。決算（平成28年度）の総額の中で、市町村は約16％、都道府県は約27％も占めています。予算書の上では人件費という名前の科目はないのですが、地方財政の統計上、給与・共済費・退職年金など職員の勤務に関して必要な費用をまとめて人件費として分類しています。比重が大きいだけに、人件費を下げれば経常収支比率も下がるという関係にあります。人件費が財政運営の上で大切な意味を持つことがお分かりでしょう。

　人件費の中には首長や議員の報酬も含まれますが、大半は職員給です。職員給は、職員の数に平均給料を掛けたものです。職員の数が適当かどうか、平均給料はどうか調べてみましょう。職員の数がどれだけあればよいのか一概に決めることはできません。その自治体がどんな仕事をしているか、力を入れている分野など政策によって違うからです。ただ一般的には人口当たりの職員数を類似団体と比べることである程度の

特徴はつかめます。

平均給料については、**ラスパイレス指数**によって簡単にその自治体の給与水準を比べることができます。ラスパイレス指数は、2つの数字の集団を比べるのに使われる統計の手法ですが給与水準の比較に応用されています。一般行政職について、国家公務員を100とした場合のその自治体の職員の給与水準を示しています。

地方公務員の給与水準については、かつてあまりにも高い自治体があって大きな政治問題にまでなったことがありましたが、批判に応えた各自治体の努力が実り、また、経済状況の影響もあって、年々下がってきました。そのピークだった昭和49年に全自治体平均が110.6（最高は、大阪府高石市の145.5）だったのが、平成29（2017）年では99.2になっています。最高は、都道府県では静岡県（103.1）、指定都市では静岡市（103.6）、市区町村では埼玉県越谷市（103.7）です。ちなみに、最低の自治体は、東京都青ケ島村（77.5）です。あなたのまちの数値も確かめてみましょう。自治体は、毎年度、職員給与の状況について公表することになっているので、広報紙などで知ることができるはずです。

◆公務員の給与のルール

ここで、自治体職員の給与を決める手続きについて説明しておきましょう。給与は、各自治体の条例で定めることになっています（地方自治法204条3項、地方公務員法24条5項）。議会が関与するというのがここのポイントです。それでは、条例で決めさえすれば、どんな内容でもよいか、と言えば、そうではなく、法律が定めている基準に沿っていなければいけません。2つの原則があります。1つは、給与は、その職員の職務と責任に応じたものでなければなりません（**職務給の原則**、地方公務員法24条1項）。どの社会にも通用する原則です。

ところが、自治体のなかでは「年齢給」と称して、役職や職務の困難さ、内容とは関係なく、ただ職員の年齢や経験年数だけで給与を決めるという方式を基本にしているところもかなりあります。その結果は、部長と運転手の給料があまり違わないということになります。およそ一般

社会の良識からかけ離れたやり方であるばかりか、まじめな職員の意欲をそぐのは明らかです。**職務給の原則**にも反しています。給与については、その単価や総額も問題ですが、仕事の対価なのですから、まじめに仕事に取り組めるようなしくみになっているかどうかがもっと大切です。

　2つめは、自治体職員の給与は、生計費、国家公務員・他の自治体の職員・民間の給与などを考慮して決めなければなりません（**均衡の原則、地方公務員法24条2項**）。豊かな自治体は高く、そうでないところは低くてよいということにはなりません。さきほど自治体の給与水準をラスパイレス指数で国家公務員と比べるということが出てきましたが、それはこの均衡の原則からきています。国家公務員の給与は、人事院の勧告に基づいて決定されるのが普通です（かつて、財政上の理由で勧告どおりにならなかったこともありましたが）。勧告は人事院が毎年行う民間企業の実態調査に基づいて政府と国会に対して行われます。

　その結果、国家公務員の給与は民間企業とバランスの取れたものになっていると考えられます。民間企業の給与は、当然、生計費も考慮していますから、自治体職員の給与を国家公務員の給与と比べれば均衡の原則にかなったものかどうか分かることになるわけです。

◆自治体職員の給与の決まり方

　現実には、職員の給与は次のような段階を踏んで決まります。この過程で、**人事委員会**が大きな役割を演じます。民間企業で働く労働者には、いわゆる労働三権（団結権、団体交渉権、争議（ストライキ）権）が有ります。ところが、一般の公務員は公共の福祉に奉仕をする特別な職業だからと言う理由から団体交渉権と争議権が認められていません。民間労働者のように雇用主との間で団体交渉をやってその合意で労働条件を決めることができないのです。

　その代わりに、人事委員会が中立の立場に立って、議会と首長に対して、給与について勧告できることになっています（地方公務員法26条）。国の場合の人事院に当たるものです。人事委員は3名で議会の同意を得

て首長が選任することになっています（地方公務員法9条の2・1項、同2項）。人事委員会では、毎年、人事院と合同でその自治体の区域の民間企業の給与の実態を調査して勧告します。首長は、それを受けて給与改定の原案を作り、職員組合と協議します。組合には正式の団体交渉権は無いのですが、勤務条件を決めるにはやはり職員に納得してもらった方が良いという現実的な判断から、各自治体とも組合と協議をし、整ってから条例案を議会に出すのが普通です。

　ただ、人事委員会を置くことになっているのは、都道府県と指定都市で、それ以外の自治体は、人口15万以上の市と東京都特別区は置いても置かなくてもよいし、15万未満の自治体は置かないことになっています。全市町村のうち、人事委員会を置く市町村は、44団体（2.5％）に過ぎません。人事委員会がない自治体では、当然、給与についての勧告はありません。首長が国の人事院の勧告や都道府県の人事委員会の勧告を参考にして、その自治体の給与の改定案を作ることになります。

　特別職の報酬　以上が一般職と呼ばれる普通の公務員の給与を決める手続きですが、それ以外の特別職についてはどうやって決めるのでしょうか。市町村長（知事）、副市町村長（副知事）と議員については、お手盛りで決めるようなことがないよう、その都度、学識経験者で構成される審議会の意見を聴くことにしている自治体が一般的です。単に他の自治体で引き上げたからといった安易な理由で改定することのないよう十分監視する必要があります。

◆イエローカード、レッドカード

　以上、あなたのまちの財政診断をするための着眼点を挙げてきました。ちょうど、あなた自身の健康診断や人間ドックの検査項目がいろいろ並んでいるのと同じです。健康チェックで検査項目の結果が基準値をはみ出している場合には、その程度によって、お医者さんがあなたの日常生活について、アルコールを控えなさいとかもっと運動をしなさいとか様々なアドバイスをします。言ってみれば、黄色信号（イエローカードの方が今ふうでしょうか）です。あなたは、それに従って自分の健康

を自己管理することになります。しかし、もし検査項目の値が極端に悪い場合には、入院して治療する以外ありません。赤信号（レッドカード）です。

　自治体財政もこれと同じ発想で、健康ではないと判断された場合に、まず自己管理によってそれ以上悪くなることを予防し、重症の場合には、国の援助も受けて健康体に戻すしくみが作られています（**地方公共団体の財政の健全化に関する法律**）。

　健康診断の場合、検査項目が数多くあるなかで、特に重視される項目があります。肥満度、血糖値、血圧、コレステロール値で、この４つがそろって基準値を超えると『死の四重奏』と呼ばれ、ゆくゆくは糖尿病や心筋梗塞、脳卒中など死に至る病気になりますよ、などとお医者さんに脅かされて青くなります。

　自治体の財政診断に関する多くの項目のなかで、これに相当する重要項目として選ばれたのも４つです。実質赤字比率、連結実質赤字比率、実質公債費比率、将来負担比率です。簡単に言えば、**実質赤字比率**は、一般会計などの赤字が財政規模に比べてどのくらいの大きさか、**連結実質赤字比率**は、一般会計と特別会計を合わせた全体の赤字の割合、**実質公債費比率**は、公債費（地方債の元利償還金）の程度、**将来負担比率**は、将来の年度で必ず負担することになる地方債・職員の退職金・連結実質赤字などを一まとめにしてこれらが財政規模と比べてどのくらいの割合か、ということになります。

　この４つの比率から自治体財政の健康状態が判断されることになります。その後の措置は、人間の場合と同じく、二段構えです。

　まず、これらの比率のうち１つでも基準を超えると、イエローカードです。**財政健全化計画**を作ることが義務づけられます。自己努力によって健康の回復をはかる段階です。これで良くなればよし、にもかかわらずさらに、状態が悪くなって、次の段階の基準を超えると、今度は、レッドカードになり、**財政再生計画**を作らなければなりません。財政健全化計画は、議会の同意だけで済んだものが、財政再生計画となると、総務大臣の同意が求められます。同意されないと、地方債を起こすこと

7章 あなたのまちの財政診断

が制限されるというペナルティ付きです。同意されると、赤字を補てんするための地方債を起こすことができるなど特典が与えられます。総務大臣の同意を取り付けるということは、事実上、その自治体の運営が総務省の手で管理されることになり、本来の自治体ではなくなることを意味します。

　人間が健康を失ったら、取り戻すのに長い期間がかかり、それまでの間は我慢が強いられるように、一度不健全になった自治体財政を健康体にするのには、長い年月と行政サービスの低下が避けられません。直近で財政再建団体から抜け出した福岡県赤池町（現在の福智町）では、10年間かかっています。平成18（2006）年に財政が破綻した北海道夕張市の財政再建計画は、なんと、平成18年度から平成36年度まで、20年近くの期間にわたっています。

　これも人間の体と同じで、自治体の財政を健全に保つのは自分の責任です。そのためには、財政状況をありのまま住民に伝え、住民がその状態をちゃんとつかんでいることが欠かせません。上に述べたような財政を健全にするための新しいしくみでは、まず、全ての自治体が、毎年

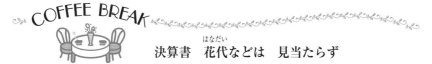

決算書　花代(はなだい)などは　見当たらず

　少し前の時代の話、自治体で公費での宴会や接待がまかり通っていたころの逸話です。

　某県の県会議長は、書画を良くする洒脱な方でしたが、その方の詠んだ議会川柳です。決算審査の場で議員さんが思案投げ首です。「アレッ、知事招待の宴会で芸者が来ていたが、花代はどこにのっているんだろう、どこにもはっきり出ていないが」。表には出せない支出をカモフラージュしている決算書の裏事情を巧みにとらえた名句です（芸者なんて古典の世界のはなしだと思っている世代のために、「花代」とは芸者さんのサービス料のことです）。

　お返しに詠んだ私の迷句は、
　　　　内容が　ないほど　答弁長くなり

度、上の4つの比率を議会に報告し、公表することが義務づけられました。財政がおかしなことになっても、住民は、「知らなかった」ではすまされないのです。

3　限られたお金を有効に

> **ここがポイント**
>
> 　これからの自治体財政は、収入が伸びず、支出が増えるという事態を覚悟しなければなりません。住民に質の高い行政サービスを提供するという自治体の役割を果たしていくためには、限られたお金を最大限活かして使うこと以外ありません。行政改革がその鍵です。
> 　できるだけ仕事を民間の手に委ね、自治体でないとできないことだけをやる、これが自治体が進むべき道です。

◆診断の結果は？

　以上、決算という自治体の通知表を分析することによって、あなたのまちの財政の姿がはっきりしてきました。収支はどうでしょうか。他と比べて豊かでしょうか、貧しいでしょうか。中身はどうなっていますか？　弾力性は？　総合点は何点くらいになるでしょうか。

　それが何点であれ、これで良いということはありません。悪ければ良くしなければなりませんし、良くても、財政状況は毎日毎日変わっているのですから、良い状態を保つ努力をし続けなければなりません。

　工夫が必要なことがらはいろいろありますが、一番大切なのは経費面の工夫です。それをここでは**行政改革**と呼ぶことにします。

◆行政改革は日々の努力から

　行政改革について注意しなければいけないのは、真の目的は経費削減ではなく、仕事の生産性を上げることだということです。要は、サービスの水準を下げないでそれにかかる費用をできるだけ少なくすることです。違う言い方をすれば、「最少の経費で最大の効果を挙げる」ことで

す（地方自治法2条14項）。

　自治体の仕事に使うお金の出所は主に税金です。それを一番効果的に使って住民の福祉を向上すること、それが自治体の究極の目的です。そのためには、自治体は常に仕事を点検していなければなりません。しばしば、自治体の財政が窮屈になってきたからという理由で思い出したように行政改革が打ち出されます。それはそれで意味はあるのですが、困ったから手を着けるというのは行政改革としては間違っています。こういうときの行政改革は、元々支出をできるかぎり少なくすることがねらいになっていますから、利害関係者からは決まって合理化反対という声が上がります。「福祉の切り捨てを許すな」というお決まりの宣伝文句も聞こえてきます。

　現状を急に変えようとすれば抵抗があるのは当然のことです。日々これ改革が本当です。常に仕事を反省し見直し改めるのがサービス機関としての自治体のあり方でなければなりません。

◆行政改革は世界の流れ

　と言っても、言うべくして難しいのが行政改革です。いままで鳴り物入りで行政改革が繰り返し繰り返し打ち出されてきたのも一筋縄では行かないことを物語っています。民間企業とは違ってまず競争がないし、まして、つぶれることはおよそ考えられない「親方日の丸」意識がある限り自治体の中から改革のエネルギーが出てくることはなかなか望めません。かと言って、行政の仕事は増えるばかりです。同じ費用をかけるのであれば、もっと効果を上げたい、同じ効果であればもっと費用を少なくしたい、という万国共通の悩みから、多くの国が行政改革に取り組んでいます。いままでのように自治体の内部でただかけ声をかけるだけでは効果は上がらないので、行政改革をせざるを得ないようなしくみを作ることから始めようとしています。

◆3つのうねり

　その流れに大きく分けると3つのうねりがあります。1つは、**地方分**

権です。行政の仕事をできるだけ身近な基礎的自治体（日本で言えば、市町村）でやれるようにして、行政サービスの内容を住民の責任で決めてもらおうとするのがねらいです。2つめは、**情報公開**です。自治体でやっていることを住民がなんでもいつでも知ることができるようにして、行政の内容を住民の批判にさらそうとするものです。地方分権とも深く関係します。3つめは、**民間化**（これは、私の作った言葉です）です。行政に民間企業の環境や知恵を取り入れるものです。ここでは、これからますます盛んになると思われる民間化について少し詳しく触れることにします。

◆ 白い猫、黒い猫

　民間企業は競争を勝ち抜き、生き延び、さらに成長しようという切実な意識を持って様々な工夫をしています。その結果、より良い製品・サービスがより低い価格で供給され、消費者が利益を得ているのです。そういう民間企業が置かれた状況を行政にも移し変えれば、行政改革が効果的に行われるのではないかという発想からいろいろなしくみが考え出されてきました。

　その元になるのは、行政サービスは必ずしもお役所がやらなくてもいい、より良いサービスがより安い費用で受けられるなら誰がやってもいい、という考え方です。いままで、どちらかと言えば、自治体側にせよ、住民側にせよ、行政サービスはお役所がやるもの、公務員の仕事、と頭から思い込んでいたところがありました。民間企業がまだ発展していなかった時代には、行政サービスの担い手としてはお役所が一番の適役だったでしょう。でも今は違います。民間企業は、ビジネスチャンスを求めて様々な分野に進出しています。お役所が公務員の手でやる「自前主義」にこだわる理由はなくなりました。

　住民にとってはどこがやろうとそれが良ければ関係無いのです。このへんの気分は、中国の指導者だった故鄧小平（とうしょうへい）が改革開放政策を掲げて資本主義的な市場原理を導入したときに言ったとされる言葉によく表わされています。「白い猫でも黒い猫でも関係ない、ねずみを取ってくる猫

が良い猫だ」。そのとおり。住民にとって、行政サービスを提供するのは、自治体でも企業でもNPOでもどこでもよい、一番良いサービスを一番安く提供してくれるところがよいのです。

◆民間の知恵のいろいろな形

　こういう考えが広まって、民間化のいろいろな形が出てきました。最初にはじまったのは、**民間委託**です。公共施設の警備（宿直を含む）を警備会社に、掃除をビル清掃会社に、といったところからはじまって、ゴミ収集、公民館の管理、そして学校給食、保育所というように広がってきました。ついには、介護保険で民間業者による介護サービスを前提とした制度を打ち出すまでになりました。この動きを後押ししたのは、**指定管理者**という仕組みです。自治体が運営している公共施設（「公の施設」と言います）の管理を自治体が指定した者に行わせることができることにしたのです。この制度ができるとまたたく間に全国に広がり、いまや、自治体の公共施設の半分以上が指定管理者の手で管理されています。体育館などのスポーツ施設、見本市などの産業振興施設、公園・駐車場・港湾・図書館・文化会館・病院・保育園など、ありとあらゆる施設が含まれます。

　民間委託を巡っては、はじめの頃、どこでも強い反対の声が上がりました。自治体の職員組合はもちろん、サービスの低下を心配する住民が反対したのです。民間委託の是非が選挙の争点にもなりました。今も問題になっている自治体もあります。しかし、民間委託自体がいいかどうかという一般的な論争は過去のものになりつつあります。真の問題は、そのサービスを提供するのにどういう形が一番良いかということです。お役所が自ら行うのが良い事業もあるでしょうし、民間委託が良いものもあるでしょう。もちろん民間委託も内容によりけりです。そのへんのところを冷静に客観的に見極めることです。

　民間委託するのであれば、行政側は、住民にそれがなぜ良いのか、必要な情報を提供した上で十分説明しなければなりません。中身を問わずにただ民間委託是か非か、というのは、不毛な議論、場合によっては、

組合・特定政党など現状維持を望む利害関係者のためにする主張です。

◆鉄の女の実験

　いままで自治体の仕事だと考えられてきたものを民間の手に委ねるようになってきているのは世界的な流れです。なかには自治体と民間業者とを競争させて良い方を取るという思い切った政策を打ち出した国もあります。イギリスの元首相、鉄の女と言われた故サッチャーの時代に行われた**強制競争入札**と呼ばれた制度がこれです。建設工事・道路工事・ゴミ収集・清掃・給食など法律で決められた仕事を自治体がいままでどおり自前でやるためには、民間企業も参加する競争入札に勝たなければならないというものです。

　その結果は、大幅な経費の削減とサービスの向上でした。ゴミ収集では、それまでは26台の収集車に1台ごとに5人、計130人の作業員に9人の監督者がついていたのが、競争入札後は、17台に3人ずつの作業員、監督者はゼロ、計51人でやるようになった例が報告されています（自治体国際化協会『英国の公共サービスと強制競争入札』1993）。はじめはどちらかと言えば作業が中心の仕事が対象でしたが、だんだん範囲が広がりました。劇場・美術館の管理、図書館の運営などから、秘書、法務、財務、人事、情報システム管理などほとんどの行政分野に及んだのです。自治体の仕事をできるだけ民間に開放しようとしているのがよく分かります。

　この実験の成功に刺激されて日本でも同じような試みがはじまりました。「競争の導入による公共サービスの改革に関する法律（平成18年法律第51号）」が作られ、「官民競争入札」という日本型強制競争入札のしくみを導入したのです。一般に、「**市場化テスト**」と呼ばれています。今のところ、法律でその対象とされているのは、戸籍謄本・住民票・納税証明書などの書類の交付の受付と引渡しなどごく一部の限られた仕事ですが、その実績次第で今後拡大されることが望まれますし、法律とは別に自治体が独自の判断で対象を広げることも期待されます。

　行政か民間か、とかく水掛け論になりやすい争いを同じ土俵の上で対

等な条件で競争によって結着させようというやり方は、分かりやすく納得が得られやすいでしょう。

◆PFI—企画・運営も民間の手で

　日本での民間委託も範囲を広げてきました。手が足りないからやむを得ず仕事の一部を手伝ってもらうという程度のアルバイトないしはパート的な委託から、自治体が持っていないような高度の専門知識・技術・経験を導入するために積極的に民間に任せるという発想に変わってきています。

　その典型がイギリスからはじまって日本にも広まっているPFI（Private Finance Initiative）といわれる手法です。簡単に言えば、民間の資金や経営手法を使って公共施設の建設、運営を行う事業です。「民間資金等の活用による公共施設等の整備等の促進に関する法律（平成11年法律第117号）」ができてから国・自治体をあげて盛んに行われるようになりました。いままでは自治体が作った企画に基づいて公共施設の建設だけを民間の手に委ねていたのですが、PFIでは、元々の企画からはじまって、建設はもちろんその後の運営に至るまで民間の資金やノウハウを活用することで安くしかも質の高い公共サービスを提供することを目指しています。各地の自治体でこの手法を採用して取り組んでいる公共施設は、ゴミ処理場、コンテナふ頭、美術館、病院、小学校など様々な分野に及んでいます。

　PFIの利点はよりよいサービスをより安いお金で、というところにあるのですが、自治体が自前で行う場合に比べてどれだけ安くできるのでしょうか。建設・維持・管理をPFIでやった場合、財政の負担が、美術館で25％、小学校で31％、ゴミ処理で32％少なくなるという報告があります（日本政策投資銀行調べ）。

◆自治体はプロデューサー

　民間化は、これからもまだまだ進むでしょう。いま自治体職員がやっている仕事のうちのかなりの部分は次第に公務員以外でこなすようにな

るでしょう。その受け皿としてサービス会社やNPOが続々と生まれています。そうなったら自治体の仕事はいままでとは全く違ったものになります。自治体職員でなければできない仕事だけが残ることになります。政策・事業の企画立案、公共サービスを提供する民間企業やNPOの監督・調整、住民との間の意思疎通（広報公聴）などの仕事です。一口で言えば、自治体は、行政サービスの提供を目的とする総合プロデューサーに生まれ変わるのです。

◆行政評価は花盛り

　行政改革との関連で各自治体が取り組みつつあるのが**行政評価**です。自治体が行う施設や事業の目的がどれだけ達成されたかを定期的に検証することによって、改善改革に結びつけるのがねらいです。言いかえれば、行政サービスの生産性を上げるための1つの手段です。全国的にはこの行政評価が自治体に導入されてからの歴史はそれほど長くはないものの、現在では全自治体の6割強で行われています（市以上では8割以上、町村では約4割）。自治体によってやり方は様々です。結果を公表しているところも多いので、あなたのまちではどんな取り組みをしているか調べてみたらよいでしょう。

　ここでは、行政評価の要点を2つ紹介しておきましょう。

　その本質は費用対効果　　1つは、行政評価は、それぞれの事務事業についていわゆる費用対効果を組織的に見ようとするものです。どれだけ費用（コスト）をかけてその結果どれだけ効果があったかです。費用は、予算（インプット）です。もちろん人件費も含みます。効果は2つに分かれます。1つめは、仕事量（アウトプット）です。予算を使うことによって行った事務事業の内容です。2つめは、成果（アウトカム）です。その事務事業を実施した結果、どんな成果があったかということです。

　例えば、小学校でパソコンの授業を行うという事業です。費用は、それに関係する全ての予算です。パソコンを5人に1台渡るように買ったその費用、教育用ソフトウェアの費用、インターネット接続経費、教室

の改修費、教員をそのための特別の研修に派遣した費用などの合計です。仕事量は、何人の児童に対して何時間パソコンの授業ができたかです。そして成果は、子供たちがどのくらいパソコンを使えるようになったかです。

　こう説明すると自治体の全ての事務事業の費用対効果がはっきりして行政評価ができるような印象を与えるかもしれませんが、そう簡単ではありません。成果を数値で表わすことが難しい事業が多いのです。例えば、教育講演会などは何人来たかまでつかめても、その本当の成果となるとはっきりしません。

　違う分野を比べるのは無理　要点の２つめは、違う行政分野の比較はできないことです。例えば、高齢者介護のためのヘルパー派遣事業と市道の改良とどちらが成果があったか比べるのは無理です。同じ行政分野ならその成果からしてヘルパー派遣を広げるより特別養護老人ホームの整備に力を入れた方がよいという判断はある程度できますが、違う分野でどちらを取るかを行政評価の結果から決めることはできません。それはそもそも政策の選択の問題です。

◆**行政需要とは？**

　できるだけ工夫して限られたお金を有効に使うのは、もちろん、行政サービスの水準を上げるためです。その前提としては、求められている行政サービスが本当に必要なものでなければなりません。

　人間の欲望に切りがないように、行政に対する要求も果てがありません。予算を増やしたり新しい政策をはじめたりする時には、住民の要望が強いからという説明が大手を振って通っています。しかし、これでは自治体の財政はふくれ上がる一方です。

　行政サービスの必要性について、しばしば、**行政需要**があるという言い方がされます。この一見もっともらしい表現が曲者(くせもの)です。

　一口に行政需要と言っても、その意味するところは様々だからです。また、その内容は、時代によって変わります。

　保育所に対する需要を取り上げてみましょう。まず、保育所に子ども

を預けたいという要望に対して受け入れ可能な定員が追いついていない状態です。最近では、このような状況が特に大都市では一般的なようです。夫婦共働きと核家族が普通になったからです。仕事と子育ての両立は親にとって切実な問題です。しかし、以前は、保育の申し込みと現実の必要性が一致しているとは必ずしも言えない場合がありました。知り合いの保育園長さんが、「子どもが保育園に入れるようになったんで、パートの口でも探そうかしら」というお母さんの話を紹介してくれたことがありました。このような例は、行政需要と言えるのかどうか微妙です。

さらに、いまのところは住民からの要求という意味での行政需要はないが、これからのことを考えていまから備えておかないといけないと判断されるものも当然あります。これが本当の自治体政策と言えるかもしれません。少子高齢化、労働力の減少への備えとして予め保育所を充実させておくという選択もあって良いのです。この場合にも、広い意味では行政需要と呼べるでしょう。

公立図書館は地域の情報・文化の中心です。できるだけ利用者の声に応えて欲しいものです。しかし、中には、要求されるままに、同じ新刊書やベストセラーを何十冊と購入している図書館があります。図書館は貸し本屋ではないはずです。著者や出版社から見れば、文化活動を妨げる行為と非難されても仕方ありません。利用者からの要望をうのみにするのではなく、地域にどんな本を提供すべきかという図書館としての主体性が求められます。

決して、要求イコール行政需要ではありません。単なる御用聞きでは自治体の存在価値はありません。みかけの行政需要と本当の行政需要とをしっかり見極めることが必要です。

◆究極のものさし行政水準

行政評価は、使われた予算、行われた事業がどの程度目的を達しているかを調べることですが、これの延長線上に**行政水準**があります。今まで自治体の財政の状態を診断する見方についてふれてきました。仮にこ

れによってあなたのまちが合格ということになってもこれで満足することはできません。言うまでもなく、財政がしっかりしているかどうかは自治体の最後の目的ではないからです。ちょうど私たちの健康診断や体力測定が身体の健全さを示しているとしても、人間としてそれで合格というわけではありません。その身体でどんな活動をしてその成果を上げているかが問われるのと同じです。たとえ財政の中身は立派だとしても行政の中身はお粗末かもしれません。自治体の評価は住民に質の高い公共サービスを提供しているか、また、住民がそれに満足しているか、によって判断されるのです。一般に行政水準と言われるものが最後のものさしです。

　一口に行政水準と言っても、はっきりとした1つの指標があるわけではありません。民間企業の場合は、全ての活動が収益を上げることにつながり、その成果は、利益率とか売上高といった共通の指標で示すことができますが、行政ではそうはいきません。行政の目的は様々、サービスの対象である住民も様々です。高齢者への福祉サービスは手厚く、高齢者家庭は満足しているとしても、子育て対策はお粗末で若い家庭は不満たらたらかもしれません。結局、自治体の行政水準を見るには、それぞれの行政分野の実績を他の自治体と比べる以外ないのです。学校の成績表のように、沢山の科目が並び1つ1つ点数がついているのと似ています。

　他の自治体と比べるのでなく、住民がどう評価をしているかをそれぞれの自治体がアンケート調査などで定期的につかんでいるところもあります。福祉・教育など各行政分野の満足度などの項目が設定されていて、結果はいろいろに解釈できる余地がありますが、住民の意向を直接たずねたものとして参考になります。

◆お金の価値を高める

　次の章でふれるように、これからの自治体財政の改革の方向は、自治体が自由にできる収入、なかでも地方税を増やすことです。確かに自治体に入るお金が多ければそれだけ住民が要求する行政サービスが提供で

きるわけですが、注意しなければならないのは、その分税金を増やせば、その負担は結局は住民にかかってくるということです。国と自治体の税金をひっくるめた税金全体の額を変えないで、国の取り分を少なくしてその分自治体の税金を増やしたとしても、限度があります。

　負担を変えることなしに行政水準を上げる、これが行政改革の本質です。住民から受け取った税金を大事に使うこと、その価値を最大限発揮するように工夫することです。

　日本は毎年毎年決まって国民所得が増えるといういわゆる右肩上がりの経済成長が続いた結果、自治体の財政も膨らみ続けてきました。去年よりも今年、今年よりも来年、予算の額が増えるのが当たり前のような気分がありました。しかし、そんな時代は過去のものになりました。

　以前のような経済成長が望めないことに加えて、人口が減りはじめ、世界に類を見ない超高齢社会に突入しました。高齢者のための福祉サービスなど自治体の仕事はますます増えるでしょう。定年退職して年金生活に入るサラリーマンが増えるにつれて、地方税の主役の住民税は、長期低落傾向にあります。収入は減り、支出は増えるのです。

　これを切り抜ける道は1つしかありません。同じお金でも、あるいは、入ってくるお金がたとえ少しくらい減っても、必要な行政サービスが提供できるようお金の価値を高めることです。言いかえれば、様々な行政改革を行ってコストを下げることです。民間企業では厳しく進めている経営の常識を行政の分野でもやらざるを得ない時が来たのです。

8章 自治体財政をみんなのものに

　大切な税金が本当に住民のためになるように使われているか、そのために今よりももっと良いやり方があるのではないか、自治体財政をより望ましい方向にもっていくには、まずその姿を住民が知ることからはじまります。いままで、その助けとなるようなポイントを解説してきました。住民の間に自分が住んでいるまちの財政についての理解が進むことが改革への第一歩です。

　この本の最後に、自治体財政を改革するためのいろいろな手立てについて考えます。

1　自治体にもっと自由と力を

ここがポイント

> 自治体財政は地方自治の基礎、そして、地方自治は国の基礎です。自治体財政の改革は日本の改革につながります。改革の方向は、ただ1つ、自治体の自主性を高めることです。それによって行政サービスと住民の負担が結びつき、住民は自治体財政ひいては自治体そのものにより関心を持つようになるでしょう。

◆地方自治の土台を変える

　これまで自治体の主な収入にはじまって財政診断のはなしまで、自治体財政の基本をざっと眺め、できるだけ問題点にも触れてきました。自治体財政は、地方自治の土台です。お金がなければ何もできないのですから。そして、地方自治は日本の政治のこれまた土台です。日本の政治を変えるためには私たちの身近な自治体からはじめるしかありません。日本は約1,700余りの自治体から成り立っています。これらの自治体が変われば日本全体が変わる道理です。

　その地方自治の土台が自治体財政だとすれば、日本を変えるには自治

体財政を変えなければだめだということになります。

◆**住民が関心を持つしくみに**

　ようやくこの当たり前のことが政治課題になってきました。改革のための処方箋が作られ、少しずつではありますが、前に進みはじめたのです。内容は、自治体財政を形作っているあらゆる要素に及びますが、その根本は、住民が関心を持つようなしくみにするということです。私たちの暮らしに欠かせないいろいろな仕事を担当している自治体の財政にあまり関心がないというのはおかしなことではないでしょうか。

　私たちは自治体に様々な要求をするのにもかかわらず、それに必要なお金はまるで天から降ってくるかのようにほとんど気にしません。

　私たち住民ばかりではありません。自治体当局も一握りの財政担当者を除けば、お金があるとかないとかという現状の説明に耳を傾けるだけで、その中身にはおよそ関心がありません。住民は、自治体当局におまかせ、自治体は国におまかせ、これはどう考えても自治体の健全なあり方とは言えません。自治の名が泣きます。

　こういうおかしなことになっている一番の原因は、日本の自治体財政のしくみにあります。ひとまかせで済む制度を自分たちで関心を持ち、考えないとやっていけないようなしくみに変えることが自治体財政改革の基本でなければなりません。財政の面で自立しない限り、いくつになっても親掛かりの子供のように、本当の意味での地方自治とは言えません。

◆**自前のお金を増やす**

　その方向へ向けて、改革が唱えられている課題をもう一度整理してみましょう。

　まず、第一は、自前の財源をもっと増やすことです。ひとに頼らず自立するためには、自分で自由になるお金をもっと多くしなければならないことは当然です。自前の財源とは言わずと知れた地方税です。けれども、地方税だけを増やすとその分だけ増税ということになって住民から

は受け入れてもらえません。住民は、国税も納めているのですから、それと地方税とを合わせた総額が変わらなければ納得してもらえるでしょう。

そこで、地方税を増やす方法としては、現在国税として国に納められている分を減らしてその分を地方税に回すのが無理のないやり方です。ことに、社会が成熟し、これからは経済の成長も多くは望めませんから、住民の負担を増やすのは難しいでしょう。地方分権を実現し、本当の意味で「住民に身近な行政は自治体で行うようにする」には必要なお金も自治体に移すのが当然です。

◆三位一体改革の功罪

ここまでの総論部分について大方の意見は一致しても、具体案になるといろいろな主張がぶつかりあいます。特に、ただ国税を地方税に移し替えるのは、国の財政自体が借金漬けの大赤字のなかでは到底無理です。そこで、国から自治体に単純に税金を移すというのではなくて、国の財政全体としてその懐を痛めることなしに、自治体の自主性を高める方向で財源を調整するという考え方が打ち出され、実現しました。これが、いわゆる「**三位一体改革**」です。国から自治体に税金を移すのと引き換えに、国庫支出金と地方交付税を減らすというのがその中身です。現在、自治体は、おおざっぱに言えば、地方税、地方交付税、国庫支出金をあわせたものを主な財源として財政を運営しています。自治体全体として現在の行政水準を保とうとするならば、国税から地方税に移すことで自治体の自由になる財源を増やす代わりに、地方交付税や国庫支出金をそれに見合う分減らせばよいということになります。ちょうど水が水蒸気や氷に変化するように、お金として使えるのなら、どんな姿でもよいということです。

このような考えに立って、国税から地方税への移し替えが地方交付税の改革や国庫支出金の削減と抱き合わせで、平成16（2004）年度から平成18年度にかけて「**三位一体改革**」と称して実施されました。所得税を3兆円減らしてその分同じ所得にかけられている個人住民税を増やしたのです。住民は、それまでと比べて、それぞれが納める所得税が

減って、住民税が増えたという形でその効果を実感したはずです。

　しかし、この改革は地方財政の充実としては全く不十分でした。このさい歳出全体をできるだけ削りたいという国の財政再建の意図が強く働き、移し替えられた税金の額をはるかに上回る国庫支出金が減らされ、地方交付税も圧縮されたからです。特に、自分のところの税金は乏しく、地方交付税と国庫支出金で息をついているような財政力の弱い自治体にとっては、国税からの移し替えの効果は薄く、逆に国庫支出金が減り、地方交付税は切り詰められるという、「泣き面に蜂」の目にあったのです。地方分権の保障とも言える地方財政の強化は、まだ道半ばです。

◆国の手綱をゆるめる

　改革が必要な第二の課題は、現在のしくみのなかで、もっと自治体が自由に判断して自主性を発揮できる余地を広げることです。いつまでたっても子ばなれができない母親のように、なににつけあれこれ口を出したり、手を差し伸べたりしていたのでは、自治体が自分自身の足で立ち、行動し、その結果に責任を取るようにはなりません。

　この課題に関しては、最近かなりの進歩がありました。

　まず、自治体財政の中心の地方税について、自治体が独自の立場から課税できる幅が広がりました。

　法定外税の可能性　法律（地方税法）で決められている税金以外の税金（法定外税）を設けるためには、以前は、自治大臣（当時）の許可が必要で、その条件も厳しかったのですが、いまは、許可ではなく「同意」で済むようになりました。それも、他の税金とダブるような限られた場合を除き、同意しなければならないというように、手続きがやさしくなりました。

　また、以前は、法定外税はなににでも充てられる法定外普通税に限られていたのですが、いまは、目的を限定した法定外目的税も作ることができるようになりました。

　税率を決められる幅も少し広くなりました。例えば、市町村民税（住民税）は以前は税率に上限がありましたが、いまは、なくなり、市町村

の自由な政策にまかされるようになりました。

借金は自治体の責任で　自治体が地方債を起こすには市町村は都道府県知事、都道府県は総務大臣の許可が必要でしたが、平成18年度から同意を得るだけで済み、たとえ同意が得られなくても自分の責任で発行できるようになったことは、前に説明したとおりです（67ページを見てください）。

国庫補助金は整理の方向　これも補助金のところで出てきた様々な欠陥を直しつつ整理する方向が出されています。額が少ないものや補助率の低いものはなくしたり、細かい条件をつけるのはやめて大まかな目的に沿っていさえすればよいようにしたり、少しずつ改善が進んでいます。

要は、自治体が仕事をしやすいような補助制度に変えていくということです。

◆要求と責任、受益と負担

以上、改革しなければならないことはいろいろあるとしても、それらが目指す方向は1つです。自治体の収入について自治体がもっと自由に決められるようにすること、言いかえれば、自主性を高めることです。

住民との関係では、新しい施策を取り上げ、要求を満たそうとすれば、直ちに住民の負担にはね返るしくみにすることです。いままでは、いくら要求をしても自分たちの負担に直接つながることはありませんでした。必要なお金をやりくりするのは首長におまかせで済んでいました。首長の方も増税という形で住民に新たな負担を求めるようとしませんでしたし、自主性に乏しい地方税のしくみからも増税の余地は限られていました。要求する側は、それを賄う収入のことを考えなくてもよかったのです。自分のふところが痛まないのなら、行政に対する要求は果てがありません。

地方財政の改革によって地方税が充実し、自主性が高まれば、住民の要求に応えるための財源はもっぱら自分のところの地方税で賄うことになります。本当に必要な事業なら増税も有力な選択肢です。行政サービスの要求が、税金が上がることによって自分たちの負担にはね返るなら

ば、安易な要求はなくなるでしょう。増える税金を負担することになる住民は改めてその理由を知ろうとして、その要求が本当に必要なものかどうか真剣に考えるでしょう。また、税金を上げなくてもほかにひねり出せる財源はないか、自治体の支出全体にも関心を向けるようになるでしょう。首長も議会も増税で大多数の住民の反感を買うのをおそれて、今よりずっと財政に関心を持ち、慎重に運営するようになるはずです。

地方交付税や補助金の比重を低くして地方税の割合を高めることが自治体を健康体にするためのただ1つの処方箋です。自治体財政改革の目的は、必ずしも自治体財政をより豊かにすることではありません。自分で責任を持てるしくみにすることで本当の地方自治に一歩でも近づけることです。

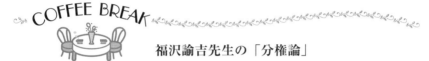

福沢諭吉先生の「分権論」

　地方分権がなかなか進まない理由の1つは、自治体に対する不信感です。中央官庁には自分たちの権限を手放したくないという気持ちが根っこにあることに加えて自治体に任せたら何をされるか分からないという不信感があります。住民にしても、自治体を身近で見ているせいか、頼りない、水準が低い、働かないという類の不信感がぬぐい切れません。

　お札の肖像として長期政権になった福沢諭吉は、明治政府の中央集権的な傾向を批判して、その名もずばり『分権論』（明治10年）という大著を著わしています。そのサワリの部分をご紹介しましょう。

　「人民に権力を授るは、小児の手に利刀を渡すがごとし。児心、未だ一身の利害を知らずして、自ら傷つけることもあらん。或は他を害するの是非を弁ぜずして、人を切ることもあらん。此れを傍観するに堪えずと言えども、いかんせん、此の小児をして、<u>此刀を御せしめんとするには、瞑目してこれに利刀を渡し、其の自ら懲り、自ら慣るるの日を待つの一法あるのみ。</u>」（下線は筆者）

　人民に権力を与えることを小さな子どもに小刀の使い方を覚えさせることにたとえています。ケガをしたり、他人をきずつけたりするかもしれない。見ちゃいられないとしても、それをがまんして、黙って小刀を渡して自分でやり方を覚えてもらうしかないのだ。

　この卓説は国と自治体の関係ばかりでなく、国と民間企業や教育などその他の日本の基本的なしくみにも当てはまるのではないでしょうか。

2 議会を生き生きと

> ここがポイント
>
> 　首長と議会は、よく車の両輪にたとえられます。しかし、どちらかと言うと議会の輪がギクシャクして、住民が押しても自治体という車が前に進まないのが実情です。
> 　議員が自治体財政に無関心なのに住民に関心を持てというのは無理なはなしです。
> 　議会が本来の役割を果たして生き生きと活動することが求められます。

◆議員の役割

　自分のまちの財政について分かっているのに越したことはないけど、時間は無いし、難しそうだし、そのために議員がいるんじゃないの、という声が聞こえてきます。確かにそのとおりです。地方自治制度は、住民代表としての議員が住民に代わって財政も含めて自治体の仕事に目を光らせ、問題があれば議会の場で議論をし、解決・改善していくことを住民は期待しています。しかし、現実は程遠いものがあります。議会が本当にその役割を果たしているか疑問の声が上がっています。

　財政問題は議会ではあまり議論されません。その第一の原因は、議員がおしなべて自治体財政について知らないことです。はっきり言って不勉強なのです。それでは問題点のつかみようがありません。議論しようにもお粗末な知識では自治体の財政担当者に太刀打ちできるわけがありません。その根底には、前にも述べたように、今の自治体財政はあまりにも国に頼り過ぎていて、自治体が自分で決定する余地に乏しいことがあります。議員の意識としては、お金は上から与えられるもの、どこかから来るもの、首長が都合するものなのです。しかし、それでも、いままで見てきたように自治体の判断によって決まる部分や財政運営の能力がものを言う部分も相当あるわけで、その問題点に切り込むことができないなら、怠慢と言われても仕方がないでしょう。

財政についての議論以前に、議会は、行政の仕事の成果についてあまり関心を持たないように見えます。自分の要求する新しい事業を取り上げてもらうことには熱心でも、いったん予算に載ってしまえば、それがねらいどおりの目的を果たしているか、効率的に行われているかどうかなど、その結果には無関心という傾向が一般的です。前に出てきた行政評価は、それをきちんと押さえようという試みの1つなのですが、議会はもうひとつピンと来ていないようです。日本の行政評価は、たいていの場合、行政内部で担当されているのに対して、諸外国の行政評価は議会が中心となっているという大きな違いがあることもこの点を物語っています。

◆国会とは違う

　議会自体にその能力がなければ専門知識を持った住民など学識経験者の助けを借りればよいのですが、そういう試みもほとんどなされません。地方自治法では、議会活動の1つとして、公聴会を開いたり参考人から意見を聴くことができることになっています（地方自治法115条の2）が、やっているところは多くありません。

　自治体では、首長と議員は別々に住民の選挙で選ばれます。国会議員の選挙で首相が決まる国の制度とはぜんぜん違うのです。地方議会は、首長から独立した議事機関として、お互いに議論して自治体の方向を定め、それを受けて行政の責任者である首長が実行していくことを地方自治制度は期待しています。

　ところが、しくみが全く違うのに、いたずらに国会のまねをして、もっぱら首長以下行政担当者に質問をすることをもって議会活動だと心得ているのが全国的な風潮です。（その証拠は、国会とそっくりな議場です。私は、地方議会の議場は、みんなで議論できるよう円卓型にすべきだと思っています。）財政に関心が薄いのは、地方議会が自分の役割を十分心得ていないことからも来ていると言えましょう。

　しかし、もちろん、住民の代表としての議会の存在は欠かせません。首長と共に本当の意味での地方自治という車の両輪になるよう一人ひと

りの議員の自覚と地方議会の奮起を期待したいものです。

　地方議会の活動を活発にして、自治体財政についてもどんどん議論が行われるようにするには、これも決め手は住民しかありません。住民が関心を持ち、疑問の点について議員に尋ねるようになれば議員もうかうかしていられないでしょう。

3　住民の手で不正を正す

ここがポイント

> 　自治体の不正を住民の手で正すしくみがあります。住民監査請求と住民訴訟です。情報公開制度が広まったおかげで、都合の悪いことを隠しておくことが難しくなりました。
> 　全国各地に市民オンブズマンが生まれ、自治体を監視し、不正を正すことに大きな成果を上げています。

◆情報公開を求める

　もし、みなさんが自治体の仕事、特にお金の使い方についてなにかおかしいなと思うことにぶつかったとき、それを自分の手で正すしくみがあります。これは国政の場合にはない自治体行政に特別に認められた制度です。住民が身近な行政に進んで参加することを前提としている地方自治ならではのしくみです。

　おかしいなと思ったことをもう少し突っ込んで調べて見ることからはじめましょう。例えば、ひところ全国的に新聞を賑わせた食糧費問題はどうでしょう。自治体職員が仲間同士でやっている飲食にどうも税金が使われているらしい。中央官庁の役人の接待が度が過ぎている、といったようなことです。

　詳しく調べるためには、そのことがらに関係する領収書などの帳票や支出の手続きを記録した帳簿を見る必要があります。そのために、これらの書類を見せてくれという請求をします。情報公開の窓口に行き、請求をするのです。自治体行政を住民に開かれたものにするためには、ま

ず情報を明らかにすべきだという考え方からできた**情報公開制度**が全国ほとんどの自治体にあります。この制度のおかげで、プライバシーを侵すおそれがあるとか、ごく例外を除いて自治体の書類は公開されることになっています。内容によっては公開することを拒まれるときがあります。公開されない理由を不満に思ったら不服申立てをするみちが残されていますし、それも却下されたら裁判に持ちこむこともできます。情報公開制度が広まって、様々な情報公開請求がなされてきた結果、だんだん公開される範囲も広がってきました。

◆監査委員に監査を請求

　自治体の書類を見てやっぱりおかしい、となったとき、次にやることは、監査委員に対する**住民監査請求**です（地方自治法242条）。自治体の支出、財産の取得・処分、契約その他自治体のお金に関係することでおかしなことが行われていると思われるとき、監査委員に監査をやって、ちゃんとさせるよう要求することができます。

　おかしなことを止めさせたり、そのことで自治体に損害が生じているときはそれを埋めるために必要な手立てを取ることを請求するのです。この請求は1人でもできます。おかしなことがあってから1年以内ならできることになっています。

　監査委員は、監査を行って、その結果を請求したひとに通知します。請求に理由があるときは、議会、首長、職員などに必要な手立てを取るよう勧告します。いずれにしても、請求の結果は本人に通知するとともに、公表することになっています。これは普通の請求の場合ですが、もし、請求された事柄が法律に反していることがはっきりしていて、すぐに手を打たないと取り返しのつかない結果になってしまうと判断したときには、首長などの関係者に直ちにその行為を停止するよう勧告します。とりあえずそうしておいて、監査をやった上で結論を出すことになります。

◆増え続ける監査請求

　この住民監査請求の制度は、住民に身近な行政を担当する自治体を住民がしっかりと監視できるように設けられた地方自治独特の制度です。国の行政についてはありません。この制度が1963（昭和38）年にできてから55年ほどたっているのですが、特に最近、行政の仕事への関心が高くなって、情報公開制度ができたおかげで、調べるのが手軽になったことも手伝って、住民監査請求の件数はどんどん増えています。

　ただ、請求件数のなかで、監査委員に理由ありとして取り上げられるのはそんなに多くありません。却下される請求がほとんどだという背景として、監査委員は、首長が選ぶのだし、事務局職員は、自治体の職員がたまたま人事異動で配属されているだけなので、姿勢がどうしても行政寄りになってしまうという陰口があることをご紹介しておきましょう。

◆監査がダメなら訴訟があるサ

　住民監査請求したけれどその結果が不満足だったとき、裁判所に訴えてその判断を求めるみちが開かれています。これが**住民訴訟**です（地方自治法242条の2）。

　住民監査請求が受けつけてもらえなかったり、監査や勧告の内容に不服があったり、首長が監査委員からの勧告にきちんと対応しなかったり、その他住民監査請求を行った目的を達することができなかった場合に、訴訟を起こすことができることになっています。

　訴訟の内容は、行政による行為を差止める請求などいくつか決まっていますが、なかでも、圧倒的に多いのが自治体の職員への損害賠償の請求です。

　住民監査請求の件数に比例して住民訴訟もどんどん増えてきました。このところ毎年全国で150件近くの住民訴訟が起こされています。

◆監査と訴訟の結果

　それでは、住民が自治体のやっていることをおかしいと感じて行った住民監査請求や住民訴訟は、どれだけ功を奏しているでしょうか。総務

省の調査によると、平成27年度中に行われた住民監査請求は、都道府県で164件、市町村で561件に上り、そのうち監査委員による勧告の対象になったものは、都道府県で4件、市町村で14件です（このうち、住民訴訟に至ったものは、都道府県で35件、市町村で104件です）。これらの数字を多いと見るか少ないと見るかは見方によって分かれるでしょうが、住民が住民監査請求や住民訴訟という行動をとらなかったとすれば、おかしなことがまかり通っていたかもしれないことを思えば、それに対する予防的な意義は大きいと考えるべきでしょう。

◆活躍する市民オンブズマンたち

　いま、全国の至るところに**市民オンブズマン**と呼ばれる市民団体ができています。**オンブズマン**というのは、もともとスウェーデンで作られた、行政を監視し、正すための公の職です。日本ではこういう制度はありませんが、その名前を借りて、市民の手で行政を監視し、正していこうという目的で組織されたものです。この団体が、自治体の仕事に目を光らせて、情報公開請求を行い、少しでもおかしなことがあれば、住民監査請求をし、さらに住民訴訟を起こすという動きが普通のことになりました。

　市民オンブズマンの活動の結果、それまでは自治体の陰の部分として表に出なかったことがどんどん明るみに引き出され、正されてきました。

　オンブズマンが行った住民監査請求や住民訴訟で行政側が負けた例を挙げてみましょう。

■議員や首長などの公務に無関係な視察旅行
　徳島県（旧）吉野町（合併前）議員の東南アジアツアー、和歌山市議のねぶた祭視察、愛知県議会議員のカラ県外出張、議員野球大会への参加など

■架空の接待や高額な飲食
　大阪市幹部職員の身内だけの飲食への公金使用、宮城県などの架空接待、石川県の芸妓や東京都監査事務局のコンパニオンによる接待など

■カラ出張・ヤミ手当
　大阪市で職員全員に超過勤務手当てを一律支給（合計１億円を返還）、札幌市で長期欠勤の労組専従者に給与支払いなど
■公有財産の格安売却
　熊本県植木町の町有地と私有地の交換（価格差は10倍）、天理市での市有地の転売（市が９億８千万円で払い下げた土地を半年後に40億円で転売）など
■私有財産の高価買い上げ
　名古屋市で世界デザイン博の赤字隠しのため施設の残骸を10億円で購入など
■違法な補助金交付
　徳島県（旧）三加茂町で町内会役員の慰安旅行に１人５万円補助、大分県（旧）狭間町で赤字の第三セクターに800万円を補助、高知県（旧）十和村で神社の修復費に補助など
■談合・暴力による不当利得
　名古屋市のゴミ償却施設の入札で談合（９億円を市に支払うよう命令）、草津市が暴力団幹部に市有地を安売り
■目的外の議会政務調査費
　大阪府議会議員の調査研究のために支給されている政務調査費を私的な観光旅行・車の購入・架空の人件費などに３億４千万円余りを目的外支出

　　　　　　　　　　　（全国市民オンブズマン連絡会議の資料より）

　こういう調子で住民活動の成果を上げてきますと、地方自治の実を上げようとして住民の参加を促すために作られた住民監査請求と住民訴訟の制度が、情報公開制度の普及とあいまって、大きな効果を上げてきたことが分かります。これらの制度を活用しないで済むならそれに越したことはありません。要は、これらの制度にせよ、市民オンブズマンの存在にせよ、自治体が少しでもおかしなことをやったら住民が黙っていない姿勢を示すことによって、おかしなことは通用しないという予防効果に一番意味があるのではないでしょうか。

おわりに　自治体財政と日本の未来

　この自治体財政についてのささやかな本は、私たちが住む自治体の財政は、言ってみれば住民のもう1つの家計で、家計がその家の生活を反映しているのと同じくその自治体の姿を映す鏡だ、というところからはじまりました。それと同じく、日本の自治体財政を日本全体から見れば、わが国が現在置かれている問題もまたそこに映し出されていると言うこともできます。8章1で、自治体財政のあるべき姿を考えました。しかし、なかなかその方向へは進みそうもありません。それは、日本全体がぶち当たっている大きな問題が影響していると考えることができるでしょう。そこで、最後に、この問題について考えてみたいと思います。

　わが国が直面している多くの問題のなかで、いわゆる少子高齢化が一番切実な問題だということについては、ほぼ一致しているようです。もちろん、これが行政需要の増加や税収減を通じて国の財政に深刻な影響を及ぼし、自治体財政も同じ立場に置かれることは明らかです。その結果、8章で取り上げた自治体財政の改革が難しくなるでしょう。

自治体消滅
　しかし、日本の多くの自治体にとっての最大の問題は、ひとが減り続ける結果、そもそも自治体として成立しなくなるではないかという心配です。現に、現在は合併の結果大きくなった自治体の一部だが、かつては、1つの自治体として存在した集落が、世代交代を機に次々と姿を消しつつあります。このような現象は、一時、繁栄したまちが状況が変化したためにすたれ、姿を消していくという形で、歴史のなかで繰り返されてきたことではあります（かつては、鉱山で栄えたまちが鉱石が掘り尽くされて見る影も無くさびれてしまった多くの例が物語っています。最近では、元炭鉱のまちに見ることができます）。しかし、いま起きて

いることが、それらの個別の事例と違うのは、全国あちこちで、しかも、同時に進行しているという点です。個別自治体の単発的な問題ではなく、全国に共通した構造的な現象と言えるでしょう。

しかも、自治体財政の重要さについて説いてきた著者にとってつらいのは、この問題は、単に、自治体財政を豊かに充実させることだけでは有効な手が打てない、言い換えればお金では解決できないであろうことです。

いま起きているのは、大都市圏、特に首都圏に全てが集中しつつあり、その流れを止めるのが極めて困難だという現象です。経済が地域一律ではなく、そのときどきの産業構造を反映して、不均衡に発展するという現象は、歴史的にも広く知られてきました。この一般的な流れに加えて、わが国特有の事情があるように思われます。

日本は、明治初期、これから作り上げるべき近代国家の大方針として中央集権体制を目指し、それに沿って全ての仕組みを作り上げ、財政投資も行い、極めて効率的に国家経営を進めてきました。その結果が、驚異的な高度成長であり、発展した現在の姿です。

現在進行中の止まるところを知らない大都市集中、地域崩壊という問題は、この日本の成功の裏返しのようにも思われてなりません。すなわち、地方分権体制でないと解決できない問題であるにもかかわらず、あまりにも中央集権体制が強すぎるがゆえに、有効な手が打てない状況に追い込まれてしまったのかもしれません。もっとも、もう少し地方分権が重視されていれば、いまのような事態にはならなくて済んだのかもしれません。

いまの状況を自治体財政の観点から見れば、8章で展望した自治体財政の望ましい姿に近づけるのは、極めて難しいことが直ちに分かります。国と自治体の税金の取り分を自治体に有利な方向に変えるのは、現在の憂うべき国家的な赤字体質からとても無理だし、仮に、実現できたとしても、税収は、大都市集中のせいで、より豊かな自治体により多く入るという意味で自治体間の財政格差が広がってしまうというジレンマがあります。また、地方交付税の総額を増やすにしても同様の問題があ

ります。

ふるさと（？）納税

　平成20（2008）年に鳴り物入りではじまったいわゆる「**ふるさと納税**」は、自治体間の税収を調整するための苦肉の策として編み出されたと言えます。自分の住む自治体以外の自治体に寄付をすれば、自分の住む自治体へ納める住民税が相当額安くてすむというこの制度は、瞬く間に全国に広がりました。その理由は、寄付という形で自分のふるさとを応援するというこの仕組みのそもそもの狙いが狂い、専ら、寄付を受けた自治体から返礼品という名の見返りが期待できることにあります。自治体側は、当然、より多くの寄付を受けようと、競争のように、魅力的と思われる返礼品を用意します。その結果は、和牛、うなぎに、パソコン・電化製品あり、はては外国旅行ありと、現金以外はなんでもありの状態です。総務省は、行き過ぎた返礼品を抑えるのに躍起ですが、この仕組みの当然の帰結と言ってよいでしょう。

　高額所得者を優遇する制度という批判もさることながら、この制度の一番の問題点は、住民税の根拠と言える「住民は、法律の定めるところにより、その属する普通公共団体の役務の提供をひとしく受ける権利を有し、その負担を分任する義務を負う」（地方自治法10条2項）という基本にもとるのではないかという疑問がぬぐいきれないことでしょう。さらに、自治体職員は、どうせ智恵を絞るなら、返礼品競争よりも本来の仕事で汗をかいて欲しいと感ずるのは私だけではないでしょう。

廃県置藩

　日本、ひいては自治体財政が置かれたこの八方ふさがりの状況からどう脱け出るか、現在のこの姿が、先に述べた仮説のとおり、国家の仕組みをあまりにも中央集権体制にしてしまったことから発したのであるとすれば、それを修正して中央集権を緩めるような仕組みに作り直す以外にはないというのが当然の結論です。かつて、これからの日本はどうあるべきかという議論のなかで、『廃県置藩』が主張されたことがありま

おわりに　自治体財政と日本の未来

した。言うまでもなく、明治初期に実施され、日本のその後の地方制度の根幹を決定づけた『廃藩置県』をもじったものです。それ以前は、いわゆる幕藩体制のもと、全国に大小260余の地方政府があり、中央政府の幕府によって統制されていたとしても、広い自治権のもとでそれぞれの藩政が運営されていたのです。その結果、各地方は産業に文化にそれぞれ特色のある発展を遂げ、人材も各地に育ち、近代日本を作り上げる土台となったのです。封建制下とは言え、地域の独自性という観点からは、非常に多彩な魅力的な時代でした。『廃県置藩』は、その頃の自由で生き生きとした精神を再現したいというスローガンです。

　過去30年近くにわたって地方分権の掛け声のもとに、中央政府の権限を地方に移すため様々な改革が行われてきました。平成の大合併と言われる市町村合併もその一環です。しかし、中央対地方の関係で地方を強くするという意味での改革はいまだ道半ばです。市町村の改革と並んで課題とされたはずの都道府県の改革もいまだ手つかずです。その切り札として提案された『道州制』も棚ざらしにされたままです。

　いまの日本の手詰まりの事態を打開するためには、もう一度、地方の可能性を十分に発揮できるよう国の仕組みを作り直すのが、日本再生のために残された道のように思われます。

『故郷（ふるさと）』が故郷(ふるさと)を滅ぼす？

　大正初年に作られたこの歌は、日本人みんなに愛され、時に、第二の国歌とさえ言われます。この歌に私たちの故郷への想いが凝縮され日本人の心の歌になっているということでしょう。そうであればあるほど、私はここで歌われている故郷の心象が地方の人口減少につながっている、すなわち、故郷の消滅の元凶ではなかろうかという気がしてくるのです。

　改めて、大抵の日本人が空で覚えているはずの歌詞をたどってみましょう。「兎追いしかの山　小鮒釣りしかの川　夢は今もめぐりて　忘れがたき故郷。如何に在ます父母　恙なしや友がき　雨に風につけても　思い出ずる故郷。志をはたして　いつの日にか帰らん　山は青き故郷　水は清き故郷」ここに想い描かれている「故郷」は、故郷を離れた人間の心の中にある美化された幻想の故郷です。現実の故郷ではありません。たとえ帰郷したとしても、抱いていたイメージとはあまりにもかけ離れた情景を目の当たりにして、「ふるさとは遠きにありて思ふもの　そして悲しくうたふもの」と、遠い都で「ふるさとおもひ涙ぐむ」（室生犀星詩）しかないことになるのです。

　明治この方、日本人の典型的な人生行路として、故郷を離れ都会に出て、いわゆる功成り名遂げて故郷に錦を飾るのが、暗黙のうちに１つの理想形とされてきました。そこには、自分の故郷をより良い地にするためにそこで働くという発想は乏しかったのです。それが代々繰り返され積もり積もって、つまるところ、地方が無くなるのではないかと懸念される現在の事態を招いてしまったのではないか、というのが、私の仮説です。

　「己れは東京に絹布をまとひ、親は故山につづれ（筆者注、「ぼろ」の意）を着る」（『高野辰之日記』より）国民的唱歌『故郷』の作詞者高野の痛切な思いが伝わってきます。

174

もっと詳しく知るための情報案内

もうちょっと詳しく知りたい方、関係することがらを調べてみたい方のための手軽に手に入る情報紹介のコーナーです。

1. 自治体財政の統計資料

総務省編「地方財政白書」（財務省印刷局）

　自治体財政に関する統計は、毎年3月末に総務省が発表している「地方財政の状況」（いわゆる「地方財政白書」）が基になります。ただし、全国統計なので1年遅れになります。（例えば、平成30年版の白書は、平成28年度の決算に基づいています。）

　白書の要点をグラフとカラーでまとめた「地方財政白書ビジュアル版」は、たいへん分かりやすく、自治体財政全体について手っ取り早く知りたい方にはおすすめです。

　これらのいずれも総務省のホームページで見ることができます。

2. 自治体の行財政に関するホームページ

　なんといっても便利なのはインターネットのホームページです。最近はますます充実して、国の動きは審議会の議事録に至るまで居ながらにして見ることができます。自治体のホームページもなかなかのものです。ただ、積極的に情報を出している自治体からいまだに観光案内に毛が生えた程度の自治体まで様々です。ホームページは自治体がどれだけ開かれた存在になっているかを評価する材料と言えるでしょう。

(1)　中央官庁のホームページ

　ア　総務省のホームページ　http://www.soumu.go.jp/

　　・自治体関係の情報資料のデパートです。「総務省の政策」から「地方行財政」欄へと進めば、地方自治制度全般にわたって、その解説から現状と問題点、政策の考え方まで知ることができ

ます。全国の全ての自治体の財政状況や比較財政分析表ものっています。
　・「審議会・委員会・研究会等」欄では、地方自治制度の課題を審議し総理大臣に答申することで、制度改正の発信地となる地方制度調査会の議事録や最先端の課題を検討する場である様々な委員会や研究会の動向を知ることができます。
　・「白書」欄には、地方財政白書の概要とビジュアル版があります。
　・「電子政府の総合窓口（e-Gov）」は、各省庁のホームページを横に束ねたサイトです。福祉・教育・建設など自治体の各行政分野に関係する国の情報検索に便利です。
　イ　財務省のホームページ　http://www.mof.go.jp/
　・国の財政に関する情報や統計を幅広く載せてあります。
　・「予算・決算」「税制」欄では、予算や税制の解説が便利です。
　・「統計情報」欄には歳入歳出の状況から景気予測までの様々なデータがあります。
　・「審議会・研究会等」欄には、わが国の税制のあり方について審議する税制調査会の議事録が載っています。
　ウ　国税庁のホームページ　http://www.nta.go.jp/
　・「税について調べる」欄から入れば、子供向けの「税の学習コーナー」をはじめ、分かりやすい解説があります。
(2)　民間のホームページ
　いろいろな団体や個人が地方自治に関連した様々なホームページを開いています。
　①　市町村 Portal
　　地方自治に関するホームページの総合的リンク集、なんでもござれの幅の広さにびっくり。
　②　情報公開市民センター
　　全国の市民オンブズマンの活動や成果が分かります。

③　奈良女子大学名誉教授・澤井勝教授の「地方財政情報館」
　財政用語小辞典から自治体の財政診断まで幅広い情報が魅力です。

索　引

あ

- 委託料……………………………… 116
- 一時借入金………………………… 63、92
- 一定税率…………………………… 39
- 一般会計…………………………… 84
- 一般行政費国庫負担金…………… 57
- 一般財源…………………………… 62
- オンブズマン……………………… 168

か

- 会計年度…………………………… 82
- 会計年度独立の原則……………… 83
- 外形標準課税……………………… 34
- 介護保険制度……………………… 73
- 介護保険特別会計………………… 73、84
- 概算要求…………………………… 94
- 核燃料税…………………………… 38
- 株式等譲渡所得割………………… 29
- 款…………………………………… 89
- 監査委員の意見書………………… 127
- 間接税……………………………… 24
- 官庁会計…………………………… 84
- 起債………………………………… 63
- 基準財政収入額…………………… 48
- 基準財政需要額…………………… 45
- 義務教育職員給与費国庫負担金… 57
- 義務的経費………………………… 21
- 行政改革…………………………… 146
- 強制競争入札……………………… 150
- 行政需要…………………………… 153
- 行政水準…………………………… 154
- 行政評価…………………………… 152
- 共同体部門………………………… 8
- 居宅サービス……………………… 74
- 均衡の原則………………………… 142
- 均等割……………………………… 28
- 繰入金……………………………… 105
- 繰越明許費………………………… 91
- 繰出金……………………………… 114
- 形式収支…………………………… 135
- 軽自動車税………………………… 35
- 経常収支比率……………………… 139
- 継続費……………………………… 89
- 軽油引取税………………………… 36
- 決算………………………………… 97
- 決算カード………………………… 129
- 決算の要領………………………… 129
- 現金主義…………………………… 84
- 建設事業費国庫負担金…………… 57
- 項…………………………………… 89
- 広域消防組合……………………… 71
- 後期高齢者医療特別会計………… 84
- 公共事業費国庫負担金…………… 57
- 公共部門…………………………… 9
- 航空機燃料譲与税………………… 36
- 公債費比率………………………… 138
- 公債費負担比率…………………… 138
- 交付団体…………………………… 49
- 国税………………………………… 24
- 国民健康保険税…………………… 35
- 国民健康保険特別会計…………… 84
- 国有資産等所在市町村交付金…… 31
- 骨格予算…………………………… 97
- 国庫委託金………………………… 58
- 国庫支出金………………………… 56
- 国庫負担金………………………… 56
- 国庫補助金………………………… 58

178

固定資産税	30、103
固定資産評価基準	31

さ

災害復旧費等国庫負担金	58
歳出予算の各項の経費の金額の流用	92
財政健全化計画	144
財政構造の弾力性	138
財政再生計画	144
財政状況の公表	129
財政調整基金	105
財政調整基金繰入金	105
財政に関する調書	125
財政力指数	133
歳入歳出決算書	121
歳入歳出予算	89
歳入歳出予算の事項別明細書	92
債務負担行為	91
暫定予算	83
三位一体改革	159
３割自治	16
事業税	33
市場化テスト	150
市場部門	8
施設サービス	74
事前議決の原則	83
市町村たばこ税	35
市町村民税	28
実質赤字比率	144
実質公債費比率	144
実質収支	124、135
実質収支額	125
実質収支比率	136
実質単年度収支	137
指定管理者	149
指定都市	12
自動車税	36
市民オンブズマン	168
事務配分	9

住民監査請求	166
住民参加型市場公募地方債	69
住民税	28、102
住民訴訟	167
受益者負担金	18
主要な施策の成果を説明する書類	127
情報公開	148
情報公開制度	166
将来負担比率	144
使用料	18
職務給の原則	141
所得割	28
人件費	140
人事委員会	142
出納整理期間	97
生活保護費国庫負担金	57
制限税率	39
節	89
総計予算主義の原則	83
測定単位	45

た

貸借対照表（バランスシート）	87
単位費用	45
担税力	23
単年度収支	136
地方公営企業	65
地方公会計	87
地方公共団体	9
地方公共団体の財政の健全化に関する法律	144
地方交付税	41、104
地方交付税制度	41
地方債	63、91、105
地方財政計画	44
地方財政調整制度	42
地方財政法	66
地方自治法	10
地方消費税	34

地方消費税交付金………………	36
地方譲与税………………………	36
地方税……………………………	24
地方分権…………………………	147
中核市……………………………	13
超過課税…………………………	40
直接税……………………………	24
手数料……………………………	18
転嫁………………………………	24
当初予算………………………	83、96
特定財源…………………………	62
特別会計…………………………	84
特別区……………………………	13
特別交付税………………………	44
特別職の報酬……………………	143
特別とん譲与税…………………	36
都市計画税………………………	35
都道府県支出金…………………	56
都道府県民税……………………	28

■ な

ナショナルミニマム……………	54
任意税率…………………………	40

■ は

パーキンソンの法則……………	110
配当割……………………………	29
ハコモノ…………………………	113
発生主義…………………………	85
PFI …………………………	114、151
標準税率…………………………	39
標準団体…………………………	45
不交付団体………………………	49
負担金…………………………	18、116
普通交付税………………………	44
不動産取得税……………………	36

ブラックボックス………………	116
PLAN（計画）、DO（実行）、SEE（結果の点検）	128
ふるさと納税……………………	172
分担金……………………………	18
保育所……………………………	72
保育料……………………………	73
法人税……………………………	28
法人税割…………………………	28
法定外税…………………………	38
補助金…………………………	56、116
補助待ち…………………………	60
補正予算…………………………	96

■ ま

町…………………………………	13
民間委託…………………………	149
民間化……………………………	148
村…………………………………	13
目…………………………………	89

■ や

翌年度歳入繰上充用金…………	123
予算査定…………………………	95
予算に関する説明書……………	92
予算編成方針……………………	95

■ ら

ラスパイレス指数………………	141
利子割……………………………	29
留保財源率………………………	49
量入制出…………………………	101
類似団体比較カード……………	132
類似団体別市町村財政指数表…	132
累進税率…………………………	29
連結実質赤字比率………………	144

著者紹介

小坂紀一郎（こさか　きいちろう）

1941年生まれ。東京大学法学部卒業。米国シラキュース大学マクスウェル・スクール行政学修士。（旧）自治省に入り、地方自治行政に携わる。倉敷市企画部長、福島県商工労働部長、栃木県総務部長、徳島県副知事、自治大学校長などを歴任。元帝京大学法学部教授・ラグビー部長。現在、自治大学校客員教授、東京ジュニアオーケストラソサエティ理事長。

一番やさしい自治体財政の本〈第2次改訂版〉

2003年9月5日　初版発行
2007年11月26日　第1次改訂版発行
2015年11月11日　第1次改訂版10刷
2018年11月20日　第2次改訂版発行
2023年4月6日　第2次改訂版5刷

著　者　小　坂　紀一郎
発行者　佐久間　重　嘉

学陽書房

〒102-0072　東京都千代田区飯田橋1-9-3
　　　　　（営業）TEL03-3261-1111　FAX03-5211-3300
　　　　　（編集）TEL03-3261-1112　FAX03-5211-3301
　　　　　http://www.gakuyo.co.jp/

印刷・東光整版印刷／製本・東京美術紙工
ⒸK. KOSAKA 2018, Printed in Japan
ISBN978-4-313-12082-2　C2033
乱丁・落丁本は、送料小社負担にてお取り替えいたします。

JCOPY　〈出版者著作権管理機構　委託出版物〉
本書の無断複製は著作権法上での例外を除き禁じられています。複製される場合は、そのつど事前に出版者著作権管理機構（電話03-5244-5088、FAX 03-5244-5089、e-mail: info@jcopy.or.jp）の許諾を得てください。

新版 基本から学ぶ地方財政

小西砂千夫　著

制度と運営の実態を徹底的に解説し、自治体関係者の絶大な支持を得た解説書の改訂版。制度が複雑すぎて難しいと嘆く前に本書を読めば、目から鱗が落ちる！　地方財政計画と地方交付税の関係などを中心に徹底的に解説し、交付税額の決定過程の誤解が解け、制度の真の姿が理解できる！

Ａ５判272頁　定価＝本体2,600円＋税

自治体財務の12か月〈第1次改訂版〉

松木茂弘　著

財政・財務の仕事を月別のスケジュールとして示した上で、実務の考え方と事務のポイントを解説。重要項目についても詳解した、画期的な手引書。お金の流れと施策決定の財源の裏付けが理解でき、地方議員や事業部局の職員にも大いに参考になり、地方財政制度も理解できる。

Ａ５判248頁　定価＝本体2,600円＋税

一番やさしい地方自治の本〈第2次改訂版〉

平谷英明　著

地方自治の全体像について、自治制度に加え、自治をめぐるさまざまな現象までが1冊で把握できる入門書。平成26年の自治法改正を盛り込むとともに、マイナンバー、消滅自治体ショック、地方創生などの最新動向についても紹介。

Ａ５判256頁　定価＝本体1,900円＋税

学陽書房